edition liberación

Reihe Theorie-Impulse
Herausgegeben von Herbert Vorgrimler (Münster)
und Giulio Girardi (Rom)

Band 1
Kuno Füssel
Zeichen und Strukturen
Einführung in Grundbegriffe,
Positionen und Tendenzen
des Strukturalismus

Kuno Füssel

Zeichen und Strukturen

Einführung in Grundbegriffe,
Positionen und Tendenzen
des Strukturalismus

edition liberación

Münster 1983

© edition liberación, Münster 1983
Postfach 1744, 4400 Münster
Alle Rechte vorbehalten
ISBN 3-923792-00-X

Wir danken Karin und Alois Janak
für die Erlaubnis der Reproduktion
des Titelbildes „Fenster in der Toscana"
(Alois Janak, 1980).
Die Farbauszüge wurden auf Vermittlung
der Galerie Schnake (Münster)
freundlicherweise von der Druckerei
V. Hattenkerl (Bad Oeynhausen)
zur Verfügung gestellt.

Typografische Gestaltung: Udo Böwer
Satz: kmu fototext gmbh, Münster
Druck: Alfa-Druck, Göttingen

CIP-Kurztitelaufnahme der Deutschen Bibliothek

Füssel, Kuno
Zeichen und Strukturen: Einf. in Grundbegriffe,
Positionen u. Tendenzen d. Strukturalismus /
Kuno Füssel. – Münster: Edition Liberación, 1983

(Theorie-Impulse; Bd. 1)
ISBN 3-923792-00-X

NE: GT

Struktur und Freiheit

Wer ist schon noch Strukturalist? Indes, er ist es wenigstens in diesem: ein gleichförmig lärmender Ort erscheint ihm unstrukturiert, weil es an diesem Ort keine Freiheit mehr gibt, das Schweigen oder das Sprechen zu wählen (wie oft hat er zu einem Nachbarn in der Bar gesagt: *ich kann mit Ihnen nicht reden, es ist hier zu laut*). Die Struktur gibt mir wenigstens zwei Terme, von denen ich den einen nach Belieben markieren und den anderen abweisen kann; sie ist also alles in allem ein (bescheidenes) Unterpfand für Freiheit: wie soll ich an jenem Tag meinem Schweigen einen Sinn geben, wenn ich *sowieso* nicht sprechen kann?

Roland Barthes

Inhaltsverzeichnis

Vorwort

Die Zeiten sind vorbei, wo der Strukturalismus eine intellektuelle Modeerscheinung darstellte. Das ist kein Nachteil, denn damit sind sowohl bloße Mitläuferschaft als auch überkritische Abgrenzung nicht länger von Interesse. Gleichzeitig sind aber die Chancen für einen produktiven Umgang mit dem Strukturalismus gestiegen, wobei positiv zu Buche schlägt, daß eine (hierzulande) häufig anzutreffende Rezeptionsbarriere speziell gegenüber dem französischen Strukturalismus allmählich verschwindet. Ergänzend zu bemerken ist an dieser Stelle, daß es sich mit der amerikanischen Variante des Strukturalismus stets anders verhielt, wie die bereitwillige Aufnahme der Arbeiten von so unterschiedlichen Struktur-Theoretikern wie R. Carnap und N. Chomsky nachdrücklich beweist.

Die vorliegende Einführung in den Strukturalismus französischer Prägung ist das Ergebnis einer intensiven Beschäftigung mit den theoretischen Grundlagen einer materialistischen Lektüre der Bibel, wie sie vor allem von Autoren wie F. Belo, M. Clévenot und G. Casalis in Gang gebracht und auch bei uns einflußreich geworden ist. Im Verlauf einer solchen Lektüre ergeben sich bestimmte grundsätzliche Fragestellungen wie z. B.: Welche Rolle spielen Zeichensysteme und insbesondere Texte bei der Vermittlung zwischen individueller Lebenspraxis einerseits und den gesellschaftlichen Instanzen Ökonomie, Politik und Ideologie andererseits? Inwieweit sind in den Texten der Vergangenheit noch jene gesellschaftlichen Auseinandersetzungen auffindbar, zu deren theoretisch-ideologischer Entscheidung jene Texte einen Beitrag liefern sollten? Wie können subversive Erzählungen den Anfang einer effektiven Veränderungspraxis auf den verschiedenen gesellschaftlichen Ebenen bilden? Inwieweit kann das zeichenproduzierende und -rezipierende Subjekt neue Realitäten schaffen, statt die alten immer nur abzubilden?

Die sich in solchen Fragestellungen bekundende Interessenlage führte in der vorliegenden Arbeit zu einer deutlichen Schwerpunktbildung: Orientierung an der generellen Analyse von Zeichensystemen einerseits, methodologische Verknüpfung von Semiologie und Theorie der Gesellschaftsformation andererseits. Die Beachtung dieses Doppelaspekts zieht sich daher wie ein roter Faden durch die hier unternommene Aufarbeitung des Strukturalismus, ausgehend von seiner Grundlegung in der strukturalen Semiologie eines F. de Saussure und vorerst endend bei der strukturalen Marx-Lektüre durch L. Althusser und seine Schüler.

Ursprünglich war die vorliegende Arbeit konzipiert als erster Teil einer Habilitationsschrift zum Thema „Strukturalismus, Ideologietheorie, materialistische Theologie", die ich jedoch dem Fachbereich Kath. Theologie der Universität Münster nicht vorlegen konnte, da der Bischof von Münster durch extensive Nutzung der ihm vom Konkordat eingeräumten Interventionsmöglichkeiten die Eröffnung des akademischen Verfahrens verhinderte und so ein markantes Exempel des ideologischen Klassenkampfes von oben statuierte.

Viele Kolleginnen und Kollegen aus der Bewegung der „Christen für den Sozialismus" drängten mich jedoch, meine Ausarbeitung trotzdem zu veröffentlichen, da sie dieser erfreulicherweise einen selbständigen Gebrauchswert und nicht nur inneruniversitären Tauschwert zubilligten. Ich hoffe, daß möglichst viele Leser zu diesem positiven Urteil kommen werden.

Münster, im Dezember 1982   *Kuno Füssel*

KAPITEL I

Historische Etappen des Strukturalismus

Vorbemerkungen
Was ist der Strukturalismus? Ist es eine Schule oder Bewegung, so wie Existentialismus und Positivismus? Handelt es sich um eine intellektuelle Modeerscheinung, eine besondere wissenschaftliche Methode oder eine neue Weltanschauung? Wir wollen uns einer Antwort unter einer historischen Perspektive nähern, da so am ehesten ein Einblick in die Mannigfaltigkeit der Strömungen, die unter der Bezeichnung „Strukturalismus" zusammengefaßt sind, gewonnen werden kann.[1] Die geistige Regsamkeit der französischen Intellektuellen und die führende Rolle von Paris bei allem, was modischen Charakter hat, könnten zu der Annahme verleiten, der Strukturalismus sei ein typisch französisches Phänomen.[2] Daß der Strukturalismus weder ausschließlich französischen Ursprungs noch sein Einflußbereich auf den französischen Sprachraum eingeschränkt ist, sondern sich in ihm gesamteuropäische und nordamerikanische Einflüsse vereinigen, soll durch einen knappen historischen Überblick sichtbar gemacht werden. Innerhalb der dabei zu rekonstruierenden Tradition spielt die Linguistik eine besondere Rolle, so daß sie in den Mittelpunkt rückt, was nicht besagt, daß in der Soziologie, Ethnographie, Psychoanalyse und anderen Wissenschaften der Strukturalismus keine Rolle spiele. Diese zentrale Rolle wächst der Linguistik aus einem doppelten Grunde zu: Einmal hat die strukturale Betrachtungsweise ihre ersten Erfolge in der Linguistik gehabt, die dadurch zu einer theoretisch fundierten Erfahrungswissenschaft wurde, zum andern hat sich die in der Linguistik entwickelte strukturale Denk- und Arbeitsweise sehr bald auch in anderen Disziplinen wie der Anthropologie, Poetik und Ästhetik fruchtbar ausgewirkt.[3]

Die Begründung der strukturalen Linguistik durch F. de Saussure
Die moderne Sprachwissenschaft beginnt mit der in der strukturalen Linguistik F. de Saussures stattfindenden Abkehr vom Psychologismus und Historismus der Sprachwissenschaft des 19. Jahrhunderts unter gleichzeitiger Überwindung der Positionen der junggrammatischen Schule.[4]

Die Leistungen de Saussures können also erst voll gewürdigt werden, wenn man die Situation der Sprachwissenschaft seit J. Grimms und W. v. Humboldts wegweisenden Werken im Auge behält. F. de Saussure hat seine Lehre im Rahmen seiner Genfer Vorlesungen zur allgemeinen Sprachwissenschaft in den Jahren 1906-1911 vorgetragen. Erst nach seinem Tode sind sie 1916 als „Cours de linguistique générale" von seinen Schülern und Nachfolgern Ch. Bally und A. Sechehaye auf der Basis ihrer Vorlesungsmitschriften veröffentlicht worden. Nicht wenige Probleme der Interpretation dieses grundlegenden Werkes der modernen Linguistik dürften in dieser Entstehungsgeschichte ihren Ursprung haben.

Die Konzeptionen de Saussures haben in den klassischen Schulen der strukturalen Linguistik (dem russischen Formalismus, dem Prager Funktionalismus, der Kopenhagener Glossematik und dem amerikanischen Deskriptivismus) Verwirklichung, Ergänzung und Weiterentwicklung erfahren, um sich dann nach dem 2. Weltkrieg in Gestalt des französischen Strukturalismus explosionsartig auszudehnen.

Auffallend kühl und abweisend stand man allerdings den neuen Auffassungen de Saussures in Deutschland gegenüber, so daß sein Werk erst 1931 in deutscher Sprache erscheinen konnte.[5] Dies beruht zum einen auf dem längeren Beharren der deutschen Sprachwissenschaft auf den von de Saussure überwundenen Positionen und Traditionen, die die Vorherrschaft der Deutschen in der Sprachwissenschaft begründet hatten, zum anderen auf der mit dem Aufkommen des Nationalismus einsetzenden Abkapselung der deutschen Wissenschaftler. Obwohl heute bei den Sprachwissenschaftlern der beiden deutschen Staaten die Bedeutung F. de Saussures unbestritten ist, hat sich eine gewisse Skepsis und Berührungsscheu gegenüber dem Strukturalismus jedoch durchgehalten.

Durch die Beschäftigung mit den Junggrammatikern (Verner, Brugmann, Osthoff, Leskien) wurde de Saussure vor jene Fragen gestellt, die historisch und methodologisch die Wurzeln des Strukturalismus bilden:

Wenn man die Geschichte einer Sprache nur anhand der direkt wahrnehmbaren oder mindestens unterstellten individuellen Äußerungen erforschen konnte, was war dann die Sprache als Ganzes? Ist eine Sprache nichts anderes als die Gesamtheit aller Sätze, die von einer bestimmten Gruppe zufällig hervorgebracht werden? ... Ins Zentrum des praktischen und theoretischen Interesses rückte damit eine Frage, die man bis dahin für trivial gehalten hatte: Wie ist eine einzelne Sprache aufgebaut, wie muß sie beschrieben werden?[6]

Indem de Saussure die Sprache als „ein System von Zeichen"[7] und ihre Geschichte als Folge von Zuständen dieses Systems begriff, durchbrach er die Vorherrschaft der historischen Betrachtungsweise und schuf erstmals nicht nur die Grundlage für eine linguistisch ausgearbeitete Theorie der Sprache, sondern für eine allgemeine Wissenschaft von den Zeichensystemen, die er „Semeologie" (heute sagt man Semiologie) nannte. Er stellt sich die Semiologie vor als „eine Wissenschaft, welche das Leben der Zeichen im Rahmen des sozialen Lebens untersucht."[8] Für de Saussure kann die wahre Natur der Sprache am besten entdeckt werden, wenn man erkennt, was sie mit anderen semiologischen Systemen wie symbolischen Riten, Höflichkeitsformen, militärischen Signalen usw. gemeinsam hat.

Die Sprachwissenschaft ist nur ein Teil dieser allgemeinen Wissenschaft (der Semiologie, K. F.), die Gesetze, welche die Semeologie entdecken wird, werden auf die Sprachwissenschaft anwendbar sein, und diese letztere wird auf diese Weise zu einem ganz bestimmten Gebiet in der Gesamtheit der menschlichen Verhältnisse gehören.[9]

Diese Einordnung in den Rahmen der Semiologie hat für de Saussure die positive Konsequenz, daß damit der Sprachwissenschaft erstmals ein bestimmter Platz unter den anderen Wissenschaften zugewiesen werden konnte.

Eigentlicher Gegenstand der Sprachwissenschaft ist die Sprache als System (langue),[10] welche de Saussure vom Sprechen des Individuums (parole) und der menschlichen Rede (langage) im allgemeinen unterscheidet.[11] Sprache als langage meint also die nicht auf eine Einzelsprache beschränkte allgemeine menschliche Sprachbefähigung, die eine sehr komplexe Realität mit vielförmigen und ungleichartigen Wurzeln im physiologischen, psychischen, individuellen und kollektiven Bereich darstellt. Diese Anlage wird in der parole als dem individuellen Akt des Sprechens oder Schreibens materialisiert. Zwischen beiden vermittelt die langue als das sozial bedingte, kodifizierte Zeichensystem der Einzelsprache (z. B. Französisch, Deutsch, Italienisch). F. de Saussure faßt die charakteristischen Merkmale von Sprache als langue so zusammen:

1. Sie ist ein genau umschriebenes Objekt in der Gesamtheit der verschieden gearteten Tatsachen der menschlichen Rede. Man kann sie lokalisieren in demjenigen Teil des Kreislaufs, wo ein Lautbild sich einer Vorstellung assoziiert. Sie ist der soziale Teil der menschlichen Rede und ist unabhängig vom Einzelnen, welcher für sich allein sie weder schaffen noch umgestalten kann; sie besteht nur kraft einer Art Kontrakt zwischen den Gliedern der Sprachgemeinschaft. Andererseits muß das Individuum sie erst erlernen, um das Ineinandergreifen ihrer Regeln zu kennen; das Kind eignet sie sich nur allmählich an. Sie ist so sehr eine Sache für sich, daß ein Mensch, der die Sprechfähigkeit verloren hat, die Sprache noch besitzt, sofern er die Lautzeichen versteht, die er vernimmt.

2. Die Sprache, vom Sprechen unterschieden, ist ein Objekt, das man gesondert erforschen kann. Wir sprechen die toten Sprachen nicht mehr, aber wir können uns sehr wohl ihren sprachlichen Organismus aneignen. Die Wissenschaft von der Sprache kann nicht nur der andern Elemente der menschlichen Rede entraten, sondern sie ist überhaupt nur möglich, wenn diese andern Elemente nicht damit verquickt werden.

3. Während die menschliche Rede in sich verschiedenartig ist, ist die Sprache, wenn man sie so abgrenzt, ihrer Natur nach in sich gleichartig: sie bildet ein System von Zeichen, in dem einzig die Verbindung von Sinn und Lautzeichen wesentlich ist und in dem die beiden Seiten des Zeichens gleichermaßen psychisch sind.

4. Die Sprache ist nicht weniger als das Sprechen ein Gegenstand konkreter Art, und das ist günstig für die wissenschaftliche Betrachtung. Obwohl die sprachlichen Zeichen ihrem Wesen nach psychisch sind, so sind sie doch keine Abstraktionen; da die Assoziationen durch kollektive Übereinstimmung anerkannt sind und ihre Gesamtheit die Sprache ausmacht, sind sie Realitäten, deren Sitz im Gehirn ist. Übrigens sind die Zeichen der Sprache sozusagen greifbar; die Schrift kann sie in konventionellen Bildern fixieren, während es nicht möglich wäre, die Vorgänge des Sprechens in allen ihren Einzelheiten zu photographieren; die Lautgebung eines auch noch so kleinen Wortes stellt eine Unzahl von Muskelbewegungen dar, die schwer zu kennen und abzubilden sind. In der Sprache dagegen gibt es nur das Lautbild, und dieses läßt sich in ein dauerndes visuelles Bild überführen. Denn wenn man von der Menge von Bewegungen absieht, die erforderlich sind, um es im Sprechen zu verwirklichen, ist jedes Lautbild, wie wir sehen werden, nur die Summe aus einer begrenzten Zahl von Elementen oder Lauten (Phonemen), die ihrerseits durch eine entsprechende Zahl von Zeichen in der Schrift vergegenwärtigt werden können. Diese Möglichkeit, alles, was sich auf die Sprache bezieht, fixieren zu können, bringt es mit sich, daß ein Wörterbuch und eine Grammatik eine treue Darstellung derselben sein können, indem die Sprache das Depot der Lautbilder und die Schrift die greifbare Form dieser Bilder ist.[12]

Trotz dieser starken Trennung faßt de Saussure die Relation zwischen systemhafter langue und aktualisierender parole nicht monokausal, sondern dialektisch auf: Die Existenz der langue ist eine notwendige Voraussetzung für die parole, die von unterschiedlichen Sprechern/Hörern nur als einheitliches Kommunikationsmittel benutzt werden kann, weil sie im Verstehen auf die langue zurückgreifen können; andererseits wird die langue nur greifbar anhand der aktuellen Äußerungen der parole. Die parole ist also das zeitlich Frühere, während man der langue eine gewisse logische Priorität einräumen kann.

Die Struktur eines Sprachsystems ist zwar nur über die Analyse von parole-Äußerungen rekonstruierbar, aber sie ist nicht etwa nur die Summe sämtlicher bisher hervorgebrachter parole-Äußerungen, sondern – das ist wichtig – sie umfaßt auch bisher noch nicht realisierte Möglichkeiten. Jeder neue parole-Akt kann neue Verknüpfungsmöglichkeiten, die bis dahin nur virtuell (als Möglichkeiten des Systems) gespeichert warteten, aktualisieren.[13]

Aus dem Systemgedanken der Sprache ergibt sich für de Saussure die Notwendigkeit, zwischen synchronischer und diachronischer Sprachwissenschaft zu unterscheiden. Dabei ist synchronisch alles das,

was sich auf die statische Seite unserer Wissenschaft bezieht; diachronisch alles, was mit den Entwicklungsvorgängen zusammenhängt. Ebenso sollen *Synchronie* und *Diachronie* einen Sprachzustand bzw. eine Entwicklungsphase bezeichnen.[14]

Daß de Saussure hier die Akzente eindeutig setzt und die Synchronie der Diachronie überordnet, darf nicht dazu verleiten, die Synchronie als unwandelbare Statik mißzuverstehen, sondern ist eine Reaktion auf die vorangegangene Sprachwissenschaft, welche sich fast ausschließlich der Diachronie gewidmet hatte und dabei die Sprache in Einzelphänomene und Entwicklungsstränge zerlegte, statt sie als Ganzheit zu begreifen:

> Der Gegensatz zwischen dem Diachronischen und dem Synchronischen zeigt sich auf Schritt und Tritt. Ich beginne gleich mit dem Punkt, der am deutlichsten in die Augen springt: beide sind nicht gleich wichtig. Es ist nämlich klar, daß die synchronische Betrachtungsweise der andern übergeordnet ist, weil sie für die Masse der Sprechenden die wahre und einzige Realität ist … Ebenso ist es für den Sprachforscher: vom Gesichtspunkt der Diachronie aus kann er nicht mehr die Sprache selbst wahrnehmen, sondern nur eine Reihe von Ereignissen, welche sie umgestalten.[15]

Vom Systemcharakter der Sprache her läßt sich also auch die überlegene Wissenschaftlichkeit der synchronischen Sprachbetrachtung verständlich machen. Während de Saussure jedoch den historischen Sprachwandel neben der synchronischen Systembeschreibung als linguistisch legitimes Forschungsobjekt anerkannte, läßt sich nicht leugnen, daß manche seiner Schüler aus der methodischen Bevorzugung der Synchronie einen unversöhnlichen Gegensatz zur Diachronie konstruierten. Damit wurde verwischt, daß die von de Saussure in die Linguistik eingeführten Dichotomien wie langue / parole, Synchronie / Diachronie usw. in erster Linie methodischen Charakter hatten und nicht etwa einen undialektischen Gegensatz in der Sache selbst zum Ausdruck bringen sollten. Dies läßt sich übrigens sehr gut an dem von de Saussure eingeführten bilateralen Modell des Sprachzeichens beobachten. Das sprachliche Zeichen ist für de Saussure nämlich die Verbindung eines Bezeichnenden mit einem Bezeichneten, eines Lautkörpers (image acoustique) mit einer begrifflichen Vorstellung (concept) oder, nach der späteren Terminologie, eines Signifikanten (signifiant) mit einem Signifikat (signifié).[16] Das Zeichen ist also immer etwas Doppelseitiges, die Einheit zweier Bestandteile, die wie die beiden Seiten eines Blattes Papier untrennbar miteinander verbunden sind. Dieser Zeichenbegriff, auf den wir später noch einmal zurückkommen werden, erlaubt es de Saussure, die Sprache als ein nach ihren immanenten Regeln funktionierendes Relationssystem aufzufassen, „dessen Glieder sich alle gegenseitig bedingen und in dem Geltung und Wert des einen nur aus dem gleichzeitigen Vorhandensein des andern sich ergeben."[17] F. de Saussure veranschaulicht seine Auffassung durch einen Vergleich mit dem Schachspiel,[18] wo es auch auf die Kombination und die relativen Beziehungen der Figuren zueinander ankommt, während sämtliche materielle Daten (z. B. ob es sich um geschnitzte Elfenbeinfiguren oder einfach Holzfiguren handelt) vernachlässigbar sind.

Damit wird die Sprache zu einem Netzwerk von Relationen, was de Saussure zu der oft mißverstandenen Formulierung veranlaßt hat: „Die Sprache ist eine Form und nicht eine Substanz."[19] Die sprachlichen Elemente werden also nicht länger durch Bezug auf außersprachliche Faktoren, sondern durch ihre Relation zu anderen Elementen des Sprachsystems bestimmt. Darin liegt die eigentliche Revolutionierung der traditionellen Sprachwissenschaft.

Der Prager Funktionalismus

Die erste Weiterentwicklung der strukturalen Linguistik findet in dem 1926 von Mathesius, Havranek, Trnka, Skalicka u. a. gebildeten „Prager Linguistenkreis"[20] statt, zu dem dann die russischen Formalisten N. S. Trubetzkoy und R. Jakobson stießen, durch die der Kreis nicht nur entscheidende Impulse empfing, sondern auch in der ganzen Welt bekannt gemacht wurde. Auf dem ersten internationalen Linguistenkongreß 1928 in Den Haag trat die Gruppe erstmals an die Öffentlichkeit. Das Programm des Prager Kreises wurde von Trnka u. a. in den 1929 veröffentlichten „Thèses" formuliert. Darin wird in erkennbarer Anlehnung an de Saussure die Sprache als „System von Ausdrucksmitteln, die für die Erreichung eines Zieles geeignet sind,"[21] definiert. Über de Saussure hinausführend ist allerdings die funktionale Perspektive, was Trnka später dazu veranlaßt hat, die Arbeiten der Prager Schule als „funktionale Linguistik" zu kennzeichnen. Er spricht von Sprache als „système fonctionelle", warnt aber vor einem Auseinanderschlagen synchronischer und diachronischer Betrachtungsweise. Im Unterschied zu der Kopenhagener und der amerikanischen Linguistenschule nimmt der Prager Funktionalismus zwar auch seinen konkreten Ausgangspunkt in der Beobachtung des Sprachmaterials, faßt aber die Sprache immer als Korrelat der außersprachlichen Wirklichkeit auf, weswegen das Strukturmoment immer durch das Funktionsmoment ergänzt wird. Das Sprachsystem kann also nicht adäquat beschrieben werden ohne eine Untersuchung des Funktionierens von Sprache. Der Funktionsbegriff der Prager Schule schließt dabei durchaus semantische und kommunikative, also nicht nur phonologische Funktionen ein.

Besonders Jakobson hat sich darum bemüht, die einzelnen Funktionen der Sprache zu erfassen. Er geht dabei von den konstitutiven Faktoren eines Sprechaktes aus, um aus ihnen dann die Sprachfunktionen abzuleiten.[22]

Die sprachliche Kommunikation umfaßt nach Jakobson unabdingbar sechs Faktoren: Ein Sender (1) schickt eine Nachricht (2) an einen Empfänger (3). Diese Nachricht handelt von einem Objekt (4) und ist nur verständlich, wenn Sender und Empfänger über einen gemeinsamen Code (5) verfügen, aus dessen Elementen die Nachricht, welche über ein Kontaktmedium (6) läuft, zusammengesetzt ist. Über jeden dieser sechs Faktoren läßt sich eine Sprachfunktion erschließen.

An erster Stelle ist die referentielle bzw. denotative Funktion von Sprache zu nennen, bei der die Ausrichtung auf den Gegenstand überwiegt. Ausschließlich auf den Sender bezogen ist dagegen die expressive oder emotive Funktion, während die konative oder appellative Funktion auf den Empfänger ausgerichtet ist. Bei der phatischen Funktion dominiert das bloße Kontakthalten durch Sprache, wie es sich beispielhaft bei der Mutter-Kleinkind-Beziehung beobachten läßt. Die Sprachfunktion, die den Code selber zu thematisieren erlaubt, wird als metasprachlich bezeichnet. Wo die Form der Nachricht selbst in den Mittelpunkt rückt, spricht Jakobson von einer poetischen bzw. ästhetischen Funktion der Sprache (z. B. bei der Alliteration in der Alltagssprache: Haus und Hof, Kind und Kegel, Mann und Maus usw.).

Das eigentliche Kernstück der Prager Linguistik ist jedoch die vor allem durch die Arbeiten Trubetzkoys repräsentierte Phonologie, in der das Strukturdenken seine ersten beeindruckenden Erfolge feiern konnte. Trubetzkoy bemühte sich um eine eindeutige Abgrenzung zwischen Phonologie und Phonetik: Die Phonetik untersucht die materielle Seite der Sprachlaute (artikulatorische, akustische und auditive Phonetik), während sich die Phonologie um die Funktionen der Laute im Ganzen des Sprachsystems kümmert. Laute, die bedeutungsdifferenzierenden Charakter haben, werden seit Trubetzkoy Phoneme genannt. Diese kleinsten Einheiten der Phonologie, die damit zur „Strukturlehre von den Lautformen" wird, definiert er als „Gesamtheit der phonologisch relevanten Eigenschaften eines Lautgebildes."[23] Die Funktion eines Lautes wird in der Tradition de Saussures stehend relational definiert, d. h. ein Laut für sich genommen, z. B. der Vokal o, hat noch keine Funktion. Er bekommt diese erst innerhalb des Systems einer gegebenen Sprache dadurch, daß er zu anderen Lauten des Systems, z. B. zum Vokal a, in Opposition tritt und so auf die Bedeutung verändernd einwirken kann (z. B. aus dem Wort „komm" wird das Wort „Kamm"). Trubetzkoy gewinnt also die Phoneme aus der Struktur des Sprachsystems, wobei die Existenz bestimmter Oppositionen der Sprache gerade eine Voraussetzung für die Fruchtbarkeit des Strukturgedankens bildet. Innerhalb der Prager Schule hat dann vor allem Jakobson das Arbeiten mit Oppositionen auf die Morphologie übertragen. Auch die grammatischen Formen werden dann als reine Oppositionen begreifbar, die durch den Bau des gesamten Systems bestimmt sind. Damit wird jedoch auch bereits die Gefahr eines universalen Binarismus sichtbar, der alle sprachlichen Erscheinungen in binäre Oppositionen auflösen will. Deshalb wurde auch schon sehr früh aus Kreisen der strukturalen Linguistik selber am Binarismus Kritik geübt.[24]

Die Kopenhagener Glossematik

Die Kopenhagener Schule, 1933 durch L. Hjelmslev und V. Brøndal[25] gegründet, versteht sich in bewußter Rivalität zu der Prager Schule als die eigentlich konsequente Erfüllung der Gedanken de Saussures, besser gesagt, des programmatischen Satzes: „Die Sprache ist eine Form und nicht eine Substanz."[26] Die Kopenhagener Schule läßt sich von den chronologischen Strukturbeschreibungen zu der Forschungshypothese anregen, daß analoge Strukturen auch auf der inhaltlichen Seite der Sprache zu finden sein müßten. Hjelmslev unterscheidet auf der Ausdrucksebene und der Inhaltsebene der Zeichen noch einmal nach Form und Substanz und erhält so vier „Strata" (Schichten), denen jeweils eine wissenschaftliche Disziplin zugeordnet wird.

G. Helbig hat dies schematisch so dargestellt:

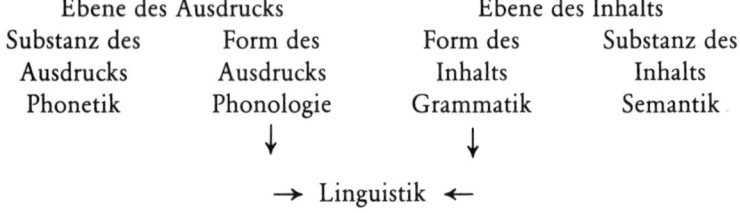

Ebene des Ausdrucks		Ebene des Inhalts	
Substanz des Ausdrucks	Form des Ausdrucks	Form des Inhalts	Substanz des Inhalts
Phonetik	Phonologie	Grammatik	Semantik
	↓	↓	

→ Linguistik ←

Die Substanz des Ausdrucks ist das phonetische Material, das für alle Sprachen gleich ist; die Form des Ausdrucks das für eine Sprache gültige phonologische System; die Substanz des Inhalts die Widerspiegelung der Sachverhalte der Außenwelt, die für alle Sprachen gleich ist und deshalb auch bei Übersetzungen gleichbleibt; die Form des Inhalts schließlich die Ordnung des Materials durch die jeweilige Sprache. Zur „linguistique immanente" der Kopenhagener Schule (Glossematik) gehören jedoch nur die beiden Formebenen.[27]

Zur Linguistik im engeren Sinne gehören für die Kopenhagener Schule also nur Phonologie und Grammatik, während Phonetik und Semantik als Hilfswissenschaften angesehen werden. Der eigentlich linguistische Aspekt wird also durch die Form angegeben, während die Substanz den außerlinguistischen Aspekt vertritt. Die Sprache wird demnach begriffen als reine Form, als Relationsgerüst zwischen der Form der Laute und der Form der Bedeutungen, das sich rein deduktiv beschreiben läßt als ein System von „Abhängigkeiten (Funktionen) zwischen Begriffen, die allein durch ihre wechselseitige Abhängigkeit charakterisiert sind."[28] Endziel der linguistischen Forschung ist demnach die Erstellung einer immanenten Algebra der Sprache, womit verständlich wird, warum die Kopenhagener Schule ihre eigene Forschungsrichtung als Glossematik (gr. glossa = Sprache) bezeichnet. Der Begriff der Glossematik schließt also nicht nur die Beachtung der Form und die Vernachlässigung der Substanz ein, sondern auch die Tatsache, daß die Form eine formalisierte Beschreibung des Objektbereichs und damit eine konsequente Ausschaltung aller metaphysischen Sprachspekulationen gestattet. Diese Beschreibung (als formalisiertes Modell aus Definitionen, Prämissen und Klassifikationen) muß den wissenschaftstheoretischen Ansprüchen der Widerspruchsfreiheit, Vollständigkeit und Einfachheit genügen, womit sichtbar wird, daß Hjelmslev nicht nur unter dem Einfluß de Saussures, sondern auch der logistischen Sprachtheorie von B. Russel, R. Carnap u. a. steht.

Der damit angezielte hohe Abstraktionsgrad führt dazu, daß die Kopenhagener Schule zu einem geschlossenen Zirkel mit einer konsistenten Theorie wurde, der anders als bei der Prager Schule jedoch ohne praktischen Einfluß auf die Erforschung sprachlicher Phänomene blieb. Die Gegnerschaft zwischen der Prager und der Kopenhagener Linguistenschule ist damit vorprogrammiert. G. Helbig hat diesen Unterschied in einer ironischen Bemerkung wie folgt charakterisiert:

> Die Prager Schule möchte lieber funktionalistisch als strukturalistisch genannt werden, um nicht mit den Kopenhagener Strukturalisten verwechselt zu werden; und die Kopenhagener Schule möchte lieber glossematisch als strukturalistisch genannt werden, um nicht mit den Prager Strukturalisten verwechselt zu werden. Hinter dieser scheinbaren Paradoxie verbirgt sich nichts als die Tatsache der großen Differenziertheit dessen, was man allzu global als Strukturalismus oder strukturelle Linguistik bezeichnet.[29]

Der amerikanische Deskriptivismus

Im Unterschied zur Kopenhagener Schule geht der amerikanische Strukturalismus nicht deduktiv, sondern induktiv vor, d. h. er geht von einer Beschreibung der Sprachäußerungen (parole) aus, weswegen er auch als Deskriptivismus bezeichnet wird. Die beiden Wegbereiter des amerikanischen Strukturalismus sind E. Sapir[30] und L. Bloomfield, dessen Buch „Language" (1933) zum Standardwerk des amerikanischen Strukturalismus wurde. Als weitere wichtige Vertreter der deskriptivistischen Schule sind zu nennen: Z. S. Harris, B. Bloch, Ch. C. Fries, A. Martinet und wieder einmal R. Jakobson, dessen wissenschaftliche Laufbahn Stationen in allen nach de Saussure entstandenen Linguistenschulen umfaßt.[31]

Bloomfields Hauptverdienst war es, ähnlich wie bei Hjelmslev zu fragen, unter welchen Bedingungen Linguistik als eine strenge Wissenschaft möglich ist. Anders als der „Algebraiker" Hjelmslev geht Bloomfield jedoch von den Vorstellungen der behavioristischen Psychologie aus und begreift die Funktionen der Sprache als Vermittlungsleistung zwischen nichtsprachlichen Handlungen: Ein nichtsprachliches Ereignis, der Stimulus S, bewirkt eine sprachliche Handlung, den Response r, welcher den sprachlichen Stimulus s erzeugt, der zu dem eigentlich intendierten nichtsprachlichen Ereignis, dem Response R, führt: S → r … s → R.[32]

Das Sprechen wird damit nicht nur als eine besondere Form menschlichen Verhaltens verstanden und nach dem behavioristischen Grundmodell von Stimulus und Reaktion erklärt, sondern zum bloßen Ersatz für unmittelbares Handeln, zum Zwischenstück „Ersatzstimulans (s) + Ersatzreaktion (r)" in der Kette der praktischen Reize und Reaktionen.

Der Sprachprozeß vollzieht sich danach ohne Bewußtsein, und jede wissenschaftliche Feststellung ist „made in physical terms", soll mechanistisch sein, nicht mentalistisch; wissenschaftlich, nicht philosophisch; bedeutsam, nicht leer.[33]

Eine der bei der Rezeption der behavioristischen Sprachkonzeption verhängnisvollsten methodologischen Schlußfolgerungen ist die Ausschaltung bedeutungsabhängiger Beschreibungen aus der Linguistik, d. h. linguistische Kategorien sollten nur rein formal operieren, da man exakt von Bedeutung erst dann sprechen könne, wenn eine vollkommene Beschreibung aller Referenten von Sprache vorliegen würde. Hierbei wird jedoch verkannt, daß „meaning" als eine außersprachliche Größe konzipiert wird, die zwar schwer erfaßbar, aber keineswegs wirkungslos ist. Bloomfields skeptische Enthaltsamkeit bezüglich des Bedeutungsbegriffs hat also methodische und nicht ontologische Gründe. Daher

darf man aus Bloomfields behavioristischem Prinzip, alles in physikalistischen statt in mentalistischen Begriffen erklären zu wollen, und aus seiner Einsicht, daß die Bedeutungen als Werkzeug der Linguistik – als Mittel der Analyse, Definition und Klassifikation – ungeeignet sind, nicht ohne weiteres die Schlußfolgerung ziehen, Bloomfield habe „meaning" überhaupt ignoriert. Im Gegensatz dazu hat Bloomfield immer betont, daß die Sprache eine „coordination of certain sounds with certain meanings" ist, daß das Studium sowohl der Phonetik als auch der Phonologie „presuppose a knowledge of meaning" und daß eine „proper analysis" eine solche ist, „which takes account of the meanings". Aber wissenschaftlich *beschrieben* werden kann meaning nur durch die entsprechenden Signale, die rein formale Angelegenheiten sind und „in physical terms" erfaßt werden müssen. Bloomfield hat also meaning nicht ignoriert, sondern es nur als Basis wissenschaftlicher Beschreibung ausgeschaltet, weil es beim gegenwärtigen Stand unseres Wissens noch nicht exakt erfaßbar sei.[34]

Einen neuen Höhepunkt erreicht der amerikanische Strukturalismus mit Z. S. Harris,[35] für den die Hauptaufgabe einer deskriptiven Linguistik darin liegt, die sprachlichen Formen allein aus ihrer Umgebung und Verteilung im Satz zu bestimmen. Die Menge aller Umgebungen, in denen eine bestimmte sprachliche Form angetroffen werden kann, nennt man Distribution (Verteilung).[36] Die Distributionsanalyse vollzieht sich nach Harris in drei Schritten:

1. Zunächst müssen die kleinsten Einheiten auf der betreffenden Forschungsebene (auf der phonologischen oder morphologischen Ebene) herausgefunden werden; das geschieht durch die Segmentierung des Redeflusses.

2. Die herausgearbeiteten Segmente müssen zu bestimmten Klassen (von Phonemen und Morphemen) zusammengefaßt werden; das geschieht durch die Distribution, d. h. die Untersuchung aller möglichen Umgebungen des betreffenden Segmentes auf der betreffenden Ebene. Wenn zwei Elemente die gleichen Umgebungen haben können, gehören sie zur gleichen Klasse.

3. Schließlich werden die Beziehungen zwischen den durch Distribution gefundenen Klassen auf der jeweiligen Ebene beschrieben.[37]

Wegen dieser zentralen Rolle der Distributionsanalyse kann man den amerikanischen Strukturalismus dieser zweiten Phase auch als Distributionalismus[38] bezeichnen. Ohne Zweifel ist die Distributionsanalyse eine wesentliche Bereicherung der strukturalen Linguistik. Ihr Vorteil liegt darin, daß alle sprachlichen Phänomene aufgrund meßbarer und immanenter Relationen beschrieben werden können. Diesem Vorteil stehen jedoch einige Nachteile gegenüber, von denen als erster ins Auge springt, daß die Bestimmung aller Umgebungen jedes Sprachelements praktisch undurchführbar ist. Darüber hinaus gibt es Fälle wie z. B. die Farbbezeichnungen, wo Morpheme in nahezu der gleichen Umgebung vorkommen, woraus der Schluß zu ziehen ist, daß die Gleichheit der Distribution keine hinreichende, sondern nur eine notwendige Bedingung für die Bedeutungsgleichheit eines Sprachelementes ist. Das Überwiegen der Nachteile gegenüber den Vorteilen ist wohl auch der Hauptgrund dafür, daß Harris selbst die Distributionsanalyse zur Transformationsanalyse weiterentwickelt hat, womit eine dritte Entwicklungsphase des amerikanischen Strukturalismus eingeleitet wurde, die ihren vorläufigen Höhepunkt in der generativen Grammatik von N. Chomsky gefunden hat, die jedoch wegen ihrer immensen Bedeutung und ihrer revolutionären Veränderung der gesamten Sprachwissenschaft einer gesonderten Darstellung bedürfte und daher hier nicht mehr behandelt werden kann.[39]

Cl. Lévi-Strauss, der „Vater" des französischen Strukturalismus
1. Daß der französische Strukturalismus es zur Weltgeltung gebracht hat, ist weitgehend Cl. Lévi-Strauss zu verdanken, der die verschiedenen Strömungen des französischen Strukturalismus maßgeblich geprägt hat.
In der Mannigfaltigkeit seines Werkes spiegeln sich die sehr unterschiedlichen Stationen seiner eigenen wissenschaftlichen Laufbahn ebenso wie ein

breites Spektrum theoretischer Quellen wider, deren Ausflüsse einmünden in den Willen, die „universalen Gesetze, aus denen die unbewußte Tätigkeit des Geistes besteht,"[40] und die „tiefe Identität empirisch verschiedener Objekte"[41] methodologisch exakt zu erfassen. Aufgabe der Wissenschaft ist es also, jenes Unbekannte und Unbewußte zu erforschen, welches dem Bekannten und Bewußten seine Struktur verleiht. Die Grundfrage lautet also: „Wie kommt man an diese unbewußte Struktur heran?"[42] Bei der Suche läßt sich der Philosoph, Ethnologe und Soziologe Lévi-Strauss ebenso von Rousseau wie von Marx, von Freud wie von Durkheim, von der Linguistik wie von der Geologie inspirieren.[43] Aber auch wenn Lévi-Strauss sich noch so vorbehaltlos zu Rousseau bekennt[44] und seine viel diskutierten Thesen über das „wilde Denken" im Anschluß an Marx als Beitrag zur Theorie der Ideologie und des Überbaus aufgefaßt sehen will,[45] gibt es keinen Zweifel daran, daß er die fruchtbarsten methodischen Anregungen von der durch F. de Saussure begründeten strukturalen Linguistik und hier wiederum, vermittelt durch den persönlichen Kontakt mit R. Jakobson, von der Prager Phonologie empfängt. Explizite oder implizite Rückgriffe auf die von de Saussure eingeführten Dichotomien durchziehen die Werke von Lévi-Strauss wie ein roter Faden.[46] Bei der methodologischen Verhältnisbestimmung zwischen Geschichtswissenschaft und Anthropologie / Ethnologie läßt sich unschwer erkennen, daß Lévi-Strauss durch die Dichotomie langue / parole von de Saussure inspiriert ist:

> Wir wollen zeigen, daß der grundlegende Unterschied zwischen den beiden weder im Objekt, noch im Ziel, noch in der Methode liegt; sondern daß sie, da sie dasselbe Objekt haben, nämlich das soziale Leben, dasselbe Ziel, ein besseres Verständnis des Menschen, und eine Methode, bei der nur die Dosierung der Untersuchungsverfahren variiert, sich vornehmlich durch die Wahl komplementärer Perspektiven unterscheiden: die Geschichte ordnet ihre Gegebenheiten in bezug auf die bewußten Äußerungen, die Ethnologie in bezug auf die unbewußten Bedingungen des sozialen Lebens.[47]

Die Erfolge der strukturalen Linguistik haben am Beispiel des sozialen Phänomens Sprache gezeigt, wie „über die immer oberflächlichen bewußten und historischen Bekundungen hinaus objektive Realitäten zu erreichen"[48] sind. Diese objektiven Realitäten sind aber nicht irgendwelche Fakten, sondern sie „bestehen aus Bezugssystemen, die wiederum das Ergebnis der unbewußten Tätigkeit des Geistes sind."[49] Ihre Erfolge verdankt die Linguistik, Lévi-Strauss zufolge, der Phonologie. Die Phonologie hat die taxonomische Methode am perfektesten angewandt. Es ist ihr gelungen, die Organisation des Phonemsystems soweit voranzutreiben, daß schließlich die einfachste Form eines Systems, das der binären Opposition, zur Beschreibungsgrundlage gemacht werden konnte. Der entscheidende Fortschritt gelang dabei in einer klaren Definition des Phonems als der distinktiven Einheit, die von allen anderen

Einheiten eindeutig abhebbar ist. Jede Sprache hat ungefähr 30 solcher Phoneme, die durch Opposition aller gegen alle definiert sind. Dieses so gebildete System der Opposition ist völlig hinreichend, um eine beliebige Anzahl semantischer Einheiten zu konstituieren.[50] Neben dem konsequenten Durchhalten des Systemgedankens besticht Lévi-Strauss an der Phonologie vor allem die erfolgreiche Freilegung der unbewußten Infrastrukturen:

Aus den Wörtern zieht der Sprachforscher die phonetische Wirklichkeit des Phonems heraus; aus dieser die logische Wirklichkeit der differentiellen Elemente. Und wenn er in mehreren Sprachen das Vorhandensein derselben Phoneme oder den Gebrauch derselben Gegensatzpaare erkannt hat, vergleicht er bei ihnen nicht individuell verschiedene Wesen: es ist das gleiche Phonem, das gleiche Element, das auf dieser neuen Ebene die tiefe Identität empirisch verschiedener Objekte garantiert. Es handelt sich nicht um zwei ähnliche Phänomene, sondern um ein einziges. Der Übergang vom Bewußten zum Unbewußten läuft neben einem Fortschreiten vom Speziellen zum Allgemeinen her.

Weder in der Ethnologie noch in der Linguistik begründet infolgedessen der Vergleich die Verallgemeinerung, sondern umgekehrt. Wenn, wie wir meinen, die unbewußte Tätigkeit des Geistes darin besteht, einem Inhalt Formen aufzuzwingen, und wenn diese Formen im Grunde für alle Geister, die alten und die modernen, die primitiven und die zivilisierten dieselben sind – wie die Untersuchung der symbolischen Funktion, wie sie in der Sprache zum Ausdruck kommt, überzeugend nachweist –, ist es notwendig und ausreichend, die unbewußte Struktur, die jeder Institution oder jedem Brauch zugrunde liegt, zu finden, um ein Interpretationsprinzip zu bekommen, das für andere Institutionen und andere Bräuche gültig ist, vorausgesetzt natürlich, daß man die Anaylse weit genug treibt.[51]

Die Übertragbarkeit der Methoden der Strukturlinguistik auf die Ethnologie hängt also von der positiven Beantwortung der Frage ab, ob die entsprechenden logischen Reduktionen für andere soziale Phänomene als die Sprache ebenso erfolgreich vorgenommen werden können und ob sie zu vergleichbaren empirischen Ergebnissen führen. Bei diesen Transferüberlegungen ist jedoch Vorsicht geboten, denn die von Lévi-Strauss aufgestellte Behauptung, daß aus der Phonemidentität eine „tiefe Identität empirisch verschiedener Objekte" folge, enthält einige methodologische Fallen:[52] Man kann aus der Identität von Wörtern nicht auf die Identität der bezeichneten Objekte schließen („Ball") kann z. B. ein Spielzeug oder eine Tanzveranstaltung bezeichnen), so daß man aus der Phonemidentität erst dann weitergehende Folgerungen ziehen kann, wenn der kontextuelle Rahmen hinreichend erforscht ist. Man muß nicht nur den grammatischen Wert, sondern auch die pragmatischen Konnotationen eines Begriffes kennen, um zu wissen, ob er die gleiche Sache meint oder nicht, wenn er in verschiedenen Kontexten verwendet wird. Je umfangreicher und detaillierter die historische oder ethnologische Datenbasis, desto besser werden die Chancen für eine analoge Strukturanalyse.

2. Die prinzipiellen Erwartungen von Lévi-Strauss in dieser Richtung wurden jedoch nicht enttäuscht. Die strukturale Methode führte bei der Untersuchung der Verwandtschaftsbeziehungen unter primitiven Völkern gegenüber den früheren biologistischen und partikularistischen Betrachtungsweisen zu verblüffenden Ergebnissen. Sein Buch „Die elementaren Strukturen der Verwandtschaft" (1947),[53] das in der Zeit des persönlichen Kontaktes mit Jakobson entstanden ist, kann daher als das entscheidende Bindeglied zwischen Phonologie und Ethnologie und damit als Basis der strukturalen Anthropologie angesehen werden.

Nirgends sonst (außer vielleicht in der monumentalen Tetralogie der „Mythologiques", 1964 - 1971) ist die methodische Präzision und die Kunst der Systembildung zu vergleichbarer Höhe entwickelt worden. Diese Musteranalyse des französischen Strukturalismus, die durch einige Aufsätze des Sammelbandes „Anthropologie structurale" (1958) und viele Passagen aus den andern Werken ergänzt wird, erreicht fast denselben Grad der Ökonomie wie die Phonologie Jakobsons.[54]

Lévi-Strauss beschrieb nicht mehr die einzelnen Stelleninhaber des Verwandtschaftssystems wie Vater, Mutter, Onkel usw. hinsichtlich ihrer inhaltlichen Aufgaben, sondern ihr Verhältnis zueinander. Das Verwandtschaftssystem ließ sich so auf vier Oppositionspaare, die eine generative Matrix aufbauen, zurückführen: auf das Verhältnis zwischen Ehegatten, zwischen Eltern und Kindern (bes. Vater – Sohn), zwischen Geschwistern (bes. Bruder – Schwester), zwischen Onkel und Neffe. Drei dieser Relationen, nämlich Blutsverwandtschaft und Abstammung, sind völlig determiniert. Sie sind die Konstanten des Verwandtschaftssystems. Die Relation zwischen den Ehegatten hingegen ist für Regulierung offen, d. h. wer wen heiratet, liegt nicht von Natur aus fest, sondern muß durch soziale Spielregeln erst determiniert werden, worin die Hauptaufgabe des Verwandtschaftssystems liegt. Das Verwandtschaftssystem arbeitet dabei nach einer Grundregel, die positiv als Tauschprinzip, negativ als Inzestverbot wirkt, d. h. die aufgrund der beiden konstanten Relationen als soziale Basisgruppe entstehende Sippe regelt das Heiraten nicht intern durch Inzest, sondern extern durch Tausch der weiblichen Mitglieder mit einer anderen Sippe, wodurch gleichzeitig das Verwandtschaftsverhältnis auf die beiden tauschenden Sippen ausgedehnt wird. Damit ein solcher Tausch problemlos gelingt, muß er sich nach einer Regel vollziehen und Gegenseitigkeit implizieren. Lévi-Strauss hatte damit eine wahrhaft elementare Struktur entdeckt: Regelhaftigkeit in der Ausführung, Reziprozität zwischen Geben und Nehmen, Determination eines offenen Verhältnisses. Das Inzestverbot hat demnach nicht einen religiös-moralischen, sondern einen ökonomisch-politischen Ursprung: Die eigenen Frauen mußten als die kostbarste Gabe aufbewahrt werden, die man hatte, um sie an andere Familien weitergeben zu können, die ihrerseits wiederum aus den gleichen Gründen das Inzestverbot beachteten. Lévi-Strauss deutet dieses Ergebnis kulturphilosophisch als den Übergang von natürlichen zu kulturellen Verhältnissen und damit gleichzeitig als die Etablierung des symbolischen Denkens überhaupt.

Zum ersten Mal war es gelungen, die oft verschlungenen Ehepartnerregelungen in primitiven Kulturen und das Inzestverbot gleichzeitig dadurch zu erklären,

daß man die Heiratsregeln und die Verwandtschaftssysteme als eine Art Sprache ansah, d. h. als ein Operationsgefüge, das dazu bestimmt ist, zwischen den Individuen und den Gruppen einen bestimmten Kommunikationstyp zu sichern. Daß die „Nachricht" hier durch *Frauen der Gruppe* weitergegeben wird, die zwischen den Clans, den Sippen oder Familien ausgetauscht werden (und nicht, wie in der Sprache, durch die zwischen den Individuen ausgetauschten *Wörter der Gruppe*), ändert in nichts die Gleichartigkeit des in beiden Fällen beobachteten Phänomens.[55]

Indem die blutsverwandte Frau nicht als unmittelbar greifbares Objekt der Triebbefriedigung angesehen werden darf, sondern als Tauschobjekt, als Wert, wird sie zum Zeichen in jenem sekundären Zeichensystem, das man Gesellschaft nennt. Soziales Leben ist Austausch von Zeichen, und Zeichen erhalten ihre Bedeutung als Elemente einer Oppositionsbeziehung. Damit war die Übertragung des linguistischen Strukturmodells auf die Ethnologie gelungen.

3. Nach diesem aufsehenerregenden Erfolg seiner Methode machte sich Lévi-Strauss einige Jahre später mit Eifer an die Bestätigung seiner Hypothese,

ob nicht verschiedene Aspekte des sozialen Lebens (Kunst und Religion inbegriffen), von denen wir bereits wissen, daß man sich bei ihrer Untersuchung der Methoden und Begriffe, die aus der Sprachwissenschaft entlehnt werden, bedienen kann, aus Phänomenen bestehen, deren Natur sich mit der Natur der Sprache trifft.[56]

Er wandte sich dem religionsgeschichtlich und ethnologisch oft behandelten Phänomen des Totemismus zu und kam zu dem Ergebnis, daß es diesen „Totemismus" gar nicht gibt: Das war „das Ende des Totemismus",[57] der von Lévi-Strauss als Produkt eines überheblichen abendländischen Rationalismus gedeutet wird, welcher unterstellt, daß zwischen ihm und dem oft befremdlich anmutenden Denken sogenannter Naturvölker sowie zwischen Natur und Mensch im allgemeinen eine tiefe Kluft existiert:

Um die Denkweisen des normalen, des weißen und erwachsenen Menschen in ihrer Integrität zu erhalten und zugleich zu begründen, konnte also nichts bequemer sein, als draußen, außerhalb seiner, Sitten- und Glaubenshaltungen – in Wahrheit sehr heterogene und sehr schwer isolierbare Dinge – zu sammeln, um welche herum sich Ideen in einer leblosen Masse lagern würden, die weniger inoffensiv gewesen wären, wenn man ihr Vorhandensein und ihr Wirken in allen Zivilisationen einschließlich der unseren hätte erkennen müssen. Der Totemismus ist zunächst das Hinauswerfen von Geisteshaltungen aus unserer Welt, gleichsam eine Hexenaustreibung von Geisteshaltungen, die unvereinbar sind mit der Forderung einer Diskontinuität zwischen Mensch und Natur, die das christliche Denken für wesentlich hielt.[58]

Indem Lévi-Strauss erneut die strukturale Methode der kontrastierenden und oppositionellen Paarbildung anwendet, gelingt es ihm zu zeigen, daß der Totemismus nur die Objektivation eines allgemeinen Strukturprinzips ist:

Dieses Prinzip besteht in der Vereinigung zweier entgegengesetzter Begriffe. Mit Hilfe einer speziellen Nomenklatur, die aus Tier- und Pflanzennamen gebildet wird (da liegt ihr einziger Unterscheidungscharakter), drückt der sogenannte Totemismus auf seine Weise – man würde heute sagen, mit Hilfe eines besonderen Code – Wechselbeziehungen und Gegenüberstellungen aus, die auch anders in Form gebracht werden können; so in einigen Stämmen Nord- und Südamerikas durch Gegenüberstellung von Himmel – Erde, Krieg – Frieden, oberhalb – unterhalb, rot – weiß usw., deren allgemeinstes Modell und deren systematischste Anwendung man vielleicht in China in dem Gegensatz der beiden Prinzipien von Yang und Yin antrifft: männlich und weiblich, Tag und Nacht, Sommer und Winter, aus deren Vereinigung eine organisierte Ganzheit *(tao)* hervorgeht: das eheliche Paar, ein ganzer Tag oder ein rundes Jahr. So läßt sich der Totemismus zurückführen auf eine besondere Art und Weise, ein allgemeines Problem zu formulieren: Man muß so verfahren, daß der Gegensatz, anstatt der Integration ein Hindernis zu sein, vielmehr dazu dient, diese zu schaffen.[59]

Mit Hilfe von der Natur entlehnten Gegensatzpaaren schafft die integrale Logik des „Totemismus" eine kohärente Weltdeutung. Das „wilde Denken" schreitet von äußeren Analogien zu inneren Homologien zwischen zwei Reihen von Unterschieden in Natur und Kultur fort.[60] So schiebt es – wiederum ähnlich der langue bei de Saussure – ein begriffliches Raster zwischen Individuen und Realität. Die Individuen benutzen dieses Raster unbewußt, die Ethnologie als Wissenschaft macht es bewußt. Wie schon in der „Strukturalen Anthropologie", wo die kulturellen Institutionen als konkrete Vergegenständlichungen sozialer elementarer Strukturen erschienen, zeigt sich auch in der Totemismusanalyse, daß die empirisch erfaßbare Realität nur eine Teilverwirklichung des Logisch-Möglichen ist. Das Geschichtlich-Gewordene kann nur verstanden werden, wenn es am denkbar Möglichen gemessen wird. Dies als Geschichtsfeindlichkeit anzuprangern, ist zumindest erkenntnistheoretisch äußerst fragwürdig.

4. Der mit dem ethnographischen Material nicht hinreichend vertraute Leser wird die sachliche Richtigkeit der einzelnen Argumente von Lévi-Strauss nicht überprüfen können. Nicht übergehen kann er jedoch die von Lévi-Strauss als Quintessenz der Totemismusanalyse in seinem späteren Werk „La pensée sauvage"[61] vorgelegten Thesen über die Logik des „wilden Denkens" als Teil der unbewußten Logik des menschlichen Geistes überhaupt, die er in seinen Forschungen unermüdlich zu ergründen sucht.

In diesem einflußreichen Werk greift Lévi-Strauss das weitverbreitete Vorurteil an, daß das „Denken der Wilden" vorrational bzw. irrational, weil in Magie und Mythos verhaftet, sei. Demgegenüber zeigt er, daß auch das „Denken der Wilden" eine abstrahierende Logik kennt, daß es einen praktische Bedürfnisse überschreitenden Erkenntnisdrang besitzt, daß es eine gedankliche Ordnung der Dinge anstrebt, um das Chaos der Phänomene strukturell zu determinieren:

> Zwischen Magie und Wissenschaft bestünde unter diesem Gesichtspunkt der wesentliche Unterschied darin, daß die eine einen globalen und integralen Determinismus voraussetzt, während die andere so vorgeht, daß sie Stufen des Determinismus zuläßt, die auf anderen Stufen nicht anwendbar sind. Aber könnte man nicht noch weitergehen und die Strenge und Präzision, die das magische Denken und die rituellen Praktiken aufweisen, als den Ausdruck einer unbewußten Ahnung von der Wahrheit des Determinismus betrachten, der die Seinsweise der wissenschaftlichen Phänomene wäre, derart, daß der Determinismus im Ganzen vermutet und manipuliert würde, noch bevor man ihn erkennt und respektiert? ... Anstatt also Magie und Wissenschaft als Gegensätze zu behandeln, wäre es besser, sie parallel zu setzen, als zwei Arten der Erkenntnis, die zwar hinsichtlich ihrer theoretischen und praktischen Ergebnisse ungleich sind, ... nicht aber bezüglich der Art der geistigen Prozesse, die die Voraussetzung beider sind und sich weniger der Natur nach unterscheiden als auf Grund der Erscheinungstypen, auf die sie sich beziehen.[62]

Wenn es einen gravierenden Unterschied zum abendländischen Rationalismus gibt, dann den, daß es dem „wilden Denken" – im Gegensatz zum zweckrational domestizierten Denken – immer wieder gelingt, einen synchronen Sinn des Ganzen zu schaffen, ohne ihn dauernd ins utopische Jenseits zukünftiger Errungenschaften – seien sie nun technologischer oder moralischer Natur – vordatieren zu müssen. Eine gerade von seinen marxistischen Kritikern immer zu wenig gewürdigte antikolonialistische und eurokritische Haltung spricht aus der These von Lévi-Strauss, daß es eine verhängnisvolle Illusion sei, wenn abendländisches Denken von den evolutionistisch begründeten Privilegien seiner Zivilisation überzeugt ist. Dagegen stellt er die Auffassung, daß „wildes" und „abendländisches" Denken zwei gleichberechtigte Varianten des einen universalen menschlichen Denkens darstellen. Das „wilde Denken" ist für Lévi-Strauss

> nicht das Denken der Wilden, noch das einer primitiven oder archaischen Menschheit, sondern das Denken im wilden Zustand, das sich von dem zwecks Erreichung eines Ertrages kultivierten oder domestizierten Denken unterscheidet ... Heute begreifen wir besser, daß beide Formen nebeneinander existieren und einander durchdringen können, wie auch natürliche Arten ... nebeneinander existieren und sich kreuzen können.[63]

Diese Auffassung versucht Lévi-Strauss noch reichhaltiger in dem umfangreichen vierbändigen Werk „Mythologica" zu belegen, dessen Gliederung und Komposition sich am Aufbau musikalischer Werke orientiert, da Lévi-Strauss die Musik „von allen menschlichen Werken ... für das Geeignetste (hält), uns über das Wesen der Mythologie Aufschluß zu geben."[64] Lévi-Strauss befindet sich damit konsequent auf dem Weg, den F. de Saussure im Auge hatte: die Erarbeitung einer allgemeinen Lehre der komplexen Zeichensysteme – der Semiologie!

5. Die Arbeiten von Lévi-Strauss fanden von Anfang an große Beachtung. Sie erfuhren sowohl hohes Lob als auch heftige Kritik.[65] Simone de Beauvoir schrieb noch im Erscheinungsjahr von „Die elementaren Strukturen der Verwandtschaft" (1949) eine begeisterte Rezension in der von J. P. Sartre herausgegebenen Zeitschrift „Les Temps modernes". Doch bereits zwei Jahre später wird Lévi-Strauss von C. Lefort in der gleichen Zeitschrift vorgeworfen, er sei Rationalist, unterwerfe die Realität mathematischen Modellen und reduziere die Lebensverhältnisse der Menschen auf abstrakte Relationen und Funktionen. Die kleine, im Auftrag der UNESCO 1949 angefertigte, aber erst 1952 veröffentlichte Schrift „Rasse und Geschichte" trug Lévi-Strauss von rechts und links den Vorwurf ein, er vertrete eine kulturpessimistische Nivellierung der verschiedenen Zivilisationsstufen. Seine 1955 erstmals erschienene Autobiographie „Traurige Tropen", die im folgenden Jahrzehnt zum Bestseller des Pariser Strukturalismus aufstieg, festigte jedoch – sozusagen im Gegenschlag – seinen Ruhm. Die gelungene Kombination von Ethnographie und Poesie, wie es G. Bataille nannte, wies den anerkannten Wissenschaftler Lévi-Strauss damit als Literaten von ebenso hohem Rang aus und erweiterte damit seinen intellektuellen Einfluß. Daß Lévi-Strauss sich durch seine Kritiker eher beflügeln als verunsichern ließ, macht auch die in seinem 1958 erschienenen Werk „Strukturale Anthropologie" vorgenommene methodologische Standortbestimmung des Strukturalismus deutlich. Für neue Schlagzeilen sorgte Lévi-Strauss durch die beiden Publikationen des Jahres 1962: „Das Ende des Totemismus" und „Das wilde Denken", dessen Thesen insbesondere Sartre und seine Anhänger zu scharfer Kritik herausforderten. Später kehrte Sartre dann wieder zu einer eher vermittelnd-differenzierenden Haltung gegenüber Lévi-Strauss zurück:

> Ich fechte weder die Existenz der Strukturen an noch die Notwendigkeit, ihren Mechanismus zu analysieren. Aber die Struktur ist für mich nur ein Moment des Praktisch-Trägen. Sie ist das Ergebnis einer Praxis, die deren Akteure übersteigt.[66]

Es fällt auf, daß trotz seiner vielfältigen Berufungen auf Marx und Übereinstimmungserklärungen mit dessen Intentionen – oder vielleicht gerade deswegen? – Lévi-Strauss sich von marxistischen Denkern mehr Ablehnung als Zustimmung einhandelte. Das gilt auch besonders für den deutschen

Sprachraum, wo A. Schmidt, die französischen Kritiken aufgreifend, im Werk von Lévi-Strauss einen „strukturalistischen Angriff auf die Geschichte"[67] erblickte. Schmidt unterstellt Lévi-Strauss nicht nur Geschichtsfeindlichkeit, sondern auch eine idealistische Anthropologie, die sich in den Varianten einer reduktionistischen Ethnologie, eines „subjektlosen Transzendentalismus" (Ricoeur), einer naturalistischen Gnoseologie, eines „methodologischen Rousseauismus" zum Ausdruck bringt. Bei diesem umfassenden Sündenregister aus dem „Beichtspiegel" der Frankfurter Schule braucht man über das abschließende negative Urteil von A. Schmidt nicht mehr erstaunt zu sein:

Aller Wandel wird nur noch als einer innerhalb des Gegebenen verstanden, Geschichte als ewige Wiederholung. Drückte sich in der älteren Anthropologie wenigstens noch das – sicher ohnmächtige und ideologische – Bedürfnis aus, den Menschen über den Bruch zwischen der lautstark verkündeten Autonomie des Individuums und der Naturmacht der ökonomischen Mechanismen, denen sein Leben unterworfen war, hinwegzuhelfen, so ist dieses Bedürfnis in der strukturalistischen Ideologie verstummt.[68]

Auch die ein Jahr später erschienene Arbeit von W. Lepenies ist bei aller peniblen Überprüfung der Marx-Rezeption von Lévi-Strauss durch einen tiefen Vorbehalt geprägt. Denn obwohl Lepenies zugibt, daß Lévi-Strauss seine Modellkonstruktion zu Recht in Einklang sieht mit dem Einsatz von genetischer und strukturaler Analyse im „Kapital" von Karl Marx und auch die dialektische Rolle der Wirklichkeit im Prozeß der Modellbildung nicht verkennt, so ist seine Beurteilung der Rezeption von Marx durch Lévi-Strauss doch überraschend negativ:

Lévi-Strauss gelingt es, durch rigide Selektion Marx zum Vorläufer der „strukturalen Anthropologie" zu machen ... Am nachdrücklichsten hat Claude Lévi-Strauss in der Auseinandersetzung mit Maxime Rodinson die marxistische Intention der strukturalen Analyse betont. Dieser Hinweis blieb freilich vage. Seine Unbestimmtheit verleiht ihm Bekenntnischarakter und fordert gleichzeitig zu Kritik heraus. Wenn Lévi-Strauss auf den „marxistischen Strom" hinweist, in den er die ethnologischen Ergebnisse habe einreihen wollen, so wird durch eine solche Metaphernbildung der marxistische Bezug letztlich unüberprüfbar.[69]

Bei aller Polemik aber ist auch für seine Gegner unbestritten, daß Lévi-Strauss mit seinem Ideenreichtum, seiner intellektuellen Brisanz, seiner methodologischen Klarheit dem französischen Strukturalismus zu wachsendem Einfluß in den verschiedensten Wissenschaften verholfen hat.

KAPITEL II

Das begriffliche Instrumentarium der strukturalistischen Semiologie

Die Problematik des Strukturbegriffs

Obwohl der Name „Strukturalismus" dies nahezulegen scheint, ist es keinesfalls problemlos, den Strukturbegriff ins Zentrum zu stellen und zunächst einmal einen Zugang zu der Eigenart des Strukturalismus über den Strukturbegriff zu wählen. Zur Vorsicht mahnt zunächst einmal die von P. Ricoeur kritisch gegen den Strukturalismus hervorgekehrte Beobachtung, daß F. de Saussure, also einer der Väter des heutigen Strukturalismus, den Terminus „Struktur" so gut wie nicht verwendet und an seiner Stelle meistens den Terminus „System" benutzt.

Gewiß kommt das Wort „Struktur" bei Saussure nicht vor, er spricht vielmehr nur von „System". Der Begriff Struktur tauchte erst im Jahr 1928 auf, und zwar in den Akten des *Ersten Internationalen Kongresses der Linguisten* in Den Haag, als „Struktur eines Systems". Das Wort „Struktur" hatte hier die Bedeutung einer Spezifikation des Systems und bezeichnete die einem Gesamtfeld von Artikulations- und Kombinationsmöglichkeiten entnommene, begrenzte Zahl von Kombinationen, die eine Sprache (langue) in ihrer individuellen Gestalt erzeugt. Allmählich aber entwickelte sich das Wort als Adjektiv „strukturaI" zum Synonym für „System". Und von da an stellte man den strukturalen Gesichtspunkt global dem genetischen gegenüber. Als solcher umfaßt er zugleich die Idee der Synchronie (den Vorrang eines bestimmten Sprachzustandes über die Geschichte), die Vorstellung des Organismus (die „langue" als eine Einheit globaler Größen, die sich in verschiedene Teile ausgliedern) und schließlich die Vorstellung der Kombination oder der kombinatorischen Konstruktion (die „langue" als eine endliche Ordnung diskreter Einheiten). Demnach ist man vom Ausdruck „Struktur eines Systems" zum Adjektiv „strukturaI" übergegangen, das diese verschiedenen Vorstellungen in eins faßt, und von da aus schließlich zum Wort „Strukturalismus", womit man die verschiedenen Forschungsrichtungen bezeichnet, die sich den strukturalistischen Standpunkt als Arbeitshypothese, ja als Ideologie oder gar als Kampfwaffe zu eigen gemacht haben.[70]

Ein nächstes Argument dafür, besser nicht beim Strukturbegriff einzusetzen, ergibt sich aus der Beobachtung, daß „Struktur" beinahe inflationär gebraucht wird und als eine Leerstelle dient, in die genausogut „System", „Ordnung", „Ganzheit", „Zusammenhang" usw. passen.

Je geläufiger der Begriff wird, desto dunkler wird er. Allzu oft bezeichnet er nur das objektivierte Bild einer Erkenntnis, die der Benutzer dieses Schlüsselwortes festzubannen meint, während er sie doch in Wirklichkeit gar nicht besitzt, sondern nur – als vermeintlich streng und vollständig erfaßt – vor sich hinprojiziert hat.[71]

Es ist daher nicht verwunderlich, wenn nicht nur seine Kritiker, sondern auch anerkannte Vertreter des Strukturalismus wie R. Barthes nicht allzuviel von dem Versuch halten, die Authentizität des Strukturalismus unmittelbar über den Strukturbegriff zu erschließen:

> *Struktur,* ein alter Begriff aus der Anatomie und der Linguistik, ist heute schon sehr abgegriffen; alle Sozialwissenschaften bedienen sich seiner, und niemand wird durch den Gebrauch dieses Wortes charakterisiert, so sehr auch über den Inhalt, den man ihm gibt, gestritten werden mag.[72]

Dieser begrifflichen Unschärfe ist aber auch nicht durch auf Allgemeingültigkeit abzielende Definitionsversuche beizukommen, da diese meist methodologisch zu speziell angelegt oder zu allgemein gehalten sind.[73] Ersteres gilt z.B. von dem Definitionsversuch, den J. Piaget gemacht hat:

> In erster Annäherung ist eine Struktur ein System von Transformationen, das als System (im Gegensatz zu den Eigenschaften der Elemente) eigene Gesetze hat und das eben durch seine Transformationen erhalten bleibt oder reicher wird, ohne daß diese über seine Grenzen hinaus wirksam werden oder äußere Elemente hinzuziehen. Mit einem Wort: Eine Struktur umfaßt die drei Eigenschaften Ganzheit, Transformationen und Selbstregelung. In zweiter Annäherung – es kann sich dabei um eine spätere oder eine auf die Entdeckung der Struktur unmittelbar folgende Phase handeln – muß sich die Struktur zu einer Formalisierung eignen.[74]

Zu allgemein, um die kontextspezifische Reaktionsbreite des Strukturbegriffs zu normieren, ist dagegen der Definitionsvorschlag von S.F. Nadel:

> Struktur bezeichnet eine Anordnung von Teilen, die als transformierbar und als relativ invariant angesehen werden kann, während die Teile selbst variabel sind.[75]

Aus diesem Dilemma scheint jedoch die Mathematik einen Ausweg zu eröffnen, denn sie bietet eine ebenso strenge wie operationale Definition von Struktur an, die als allgemeine Richtschnur gelten gelassen werden könnte. Bleibt man dabei im intellektuellen Milieu Frankreichs und wendet sich an Bourbaki, eine Gruppe französischer Mathematiker, die zur Grundlegung der Mathematik als Theorie der Strukturen bahnbrechende Leistungen erbracht haben, so erhält man folgende Auskunft:

> Wir können jetzt deutlich machen, was man im allgemeinen unter einer *mathematischen Struktur* zu verstehen hat. Das Gemeinsame der unter diesem Gattungsnamen befaßten Begriffe ist, daß sie sich auf Mengen von Elementen beziehen, über deren Natur *nichts festgelegt ist;* um nun eine Struktur zu definieren, gibt man sich eine oder mehrere Relationen, in denen diese Elemente vorkommen [...]; sodann fordert man, daß diese (eine oder mehrere) gegebenen Relationen bestimmte Bedingungen erfüllen, die man aufzählt und die die *Axiome* der betreffenden Struktur sind. Die axiomatische Theorie einer gegebenen Struktur machen heißt, alle logischen Konsequenzen aus den Axiomen der Struktur ableiten und *sich jede andere Hypothese* über die fraglichen Elemente (vor allem jede Hypothese über ihre eigene „Natur") verbieten.[76]

Versteht man Struktur in diesem streng mathematischen Sinn, dann heißt strukturale Analyse nichts anderes, als daß man von rein formal bestimmbaren Relationen zwischen bestimmten Elementen einer Menge ausgeht und zeigt, inwiefern ein kulturelles Objekt (ein Verwandtschaftssystem, eine Ideologie, eine Kunst, eine Mode, der Sport) die Struktur dieser Menge repräsentiert. Die Struktur besteht dann genau in dem, was sich bei einer isomorphen Abbildung[77] zwischen dieser Menge und dem kulturellen Objekt nicht verändert. Demnach ist es unsinnig, von der Struktur eines Einzelobjekts zu sprechen, denn dessen Struktur wäre gar nicht erkennbar, wenn es nicht zusammen mit vielen anderen Objekten Repräsentant der ihnen gemeinsamen Relationen zwischen ihren Elementen wäre. Legt man einen solchen strikt mathematischen Maßstab an, dann ist vielleicht M. Serres[78] der einzige Denker und Philosoph in Frankreich, der in seinen Überlegungen das strukturale Denken in Reinkultur übt.

Serres, der Virtuose des Isomorphismus, läßt die *Metaphysischen Meditationen* Descartes' aus einer Fabel von La Fontaine auftauchen, eine Lokomotive aus dem Werk der Denker des 19. Jahrhunderts, ein Theorem aus einer Erzählung, eine Legende aus einem Beweis und einen Beweis aus einer Legende. Bei alledem geht es nicht darum, mehr oder weniger schlaue Annäherungen zustande zu bringen, sondern *Übersetzungen,* Wort für Wort.[79]

Es geht nicht mehr um das Aufdecken eines verborgenen Sinns, sondern um das Entdecken der entscheidenden Isomorphismen, durch die verschiedene Sinn-Welten miteinander verbunden sind und sich wechselseitig zum Ausdruck bringen:

Man errät ein Rätsel, entlarvt das Verhüllte. Doch nichts ist wirklich getan, solange man nicht die Transformationsgesetze, das vollständige System der Referenzen und die geregelte Menge der Umschreibungsoperationen aufgestellt hat.[80]

Statt jedoch die strukturale Analyse in dieser Weise modelltheoretisch festzulegen, scheint es mir sinnvoller, zwischen „Struktur" als Wirklichkeit und „Struktur" als Forschungskonzept ein Gleichgewicht herzustellen, das sich am Maßstab der Lösung praktischer Probleme ausrichtet.

Die Kennzeichnung des Strukturalismus durch seine Terminologie

Wenn also ein allgemeiner Strukturbegriff nicht ausreicht, um den Strukturalismus spezifisch auszuzeichnen, dann müssen wir andere Merkmale suchen, um eine Abgrenzung zu erreichen, was nicht heißen soll, daß die Entwicklung eines kontextspezifischen Strukturbegriffs überflüssig ist.[81]

Unter den Antworten auf die Frage: Was ist der Strukturalismus?, hilft jedoch eine von R. Barthes gegebene Auskunft vom operationalen Standpunkt aus weiter. Barthes geht davon aus, daß die beste Erkennungsmarke für einen Strukturalisten der Gebrauch einer bestimmten Terminologie ist:

> Man achte darauf, wer *Signifikat* und *Signifikant, Synchronie* und *Diachronie* gebraucht, und man wird wissen, ob die strukturalistische Einstellung gegeben ist.[82]

Hinzufügen sollte man vielleicht noch Begriffspaare wie langue und parole, Syntagma und Paradigma, Denotation und Konnotation.[83] Diese Termini gruppieren sich um den Zeichenbegriff als ihr Zentrum. Die strukturale Linguistik geht nämlich seit F. de Saussures grundlegendem Werk davon aus, daß Sprache nach Struktur und Funktion ein „sozial vereinbartes System von Zeichen"[84] ist, wobei ein Zeichen (signe) aus einem Ausdrucksanteil (Signifikant) und einem Inhaltsanteil (Signifikat) zusammengesetzt ist. Ein Zeichen ist also immer eine doppelseitige Größe, d. h. eine Relation zwischen zwei Relata.

> Die Bedeutung (signification) läßt sich als Prozeß auffassen; sie ist der Akt, der Signifikant und Signifikat miteinander vereint, ein Akt, dessen Produkt das Zeichen ist.[85]

Schematisch läßt sich die Bedeutung im Anschluß an Hjelmslev daher als Relation R zwischen Ausdrucksebene A und Inhaltsebene I angeben: A R I. In der strukturalen Linguistik wird der Untersuchung des gleichzeitig existierenden Beziehungsgeflechts (Synchronie) gegenüber der geschichtlichen Entwicklung der Sprache (Diachronie) methodisch der Vorzug gegeben, d. h. die Sprechsituation, der Sprecher und die Wirklichkeit, über die gesprochen wird, sowie die Entwicklung der Sprachelemente werden zunächst aus der Betrachtung ausgeklammert, aber deswegen nicht für null und nichtig erklärt. Die strukturale Linguistik analysiert den Zeichenprozeß in Richtung zweier Achsen, der syntagmatischen und der paradigmatischen Achse. Syntagmatisch nennt man die Beziehung eines Elements zu dem ihm in einer Äußerungsabfolge vorangehenden und nachfolgenden Element, paradigmatisch heißt die Beziehung zu all den Elementen, gegen die es in einem bestimmten Kontext austauschbar ist.[86]

Von der damit gedrängt vorgestellten strukturalistischen Terminologie sollen im folgenden einige Termini eingehender erläutert werden.

Die zentralen Termini der strukturalistischen Fachsprache

Zentraler als der Begriff der Struktur erweist sich offensichtlich der Zeichenbegriff, so daß man vielleicht besser von einer strukturalistischen Semiotik bzw. Semiologie als vom Strukturalismus sprechen sollte, was auch dem Stellenwert gerecht würde, den die Semiologie seit de Saussure hat.

1. Das Zeichen Z = S / s (S = Signifikant, s = Signifikat) ist eine vermittelnde Instanz Z zwischen einem interpretierenden Subjekt I und einem Objekt O. Die Struktur des Zeichenprozesses hat dann die Form einer dreistelligen Relation P_Z = R (I, Z, O), welche selber wieder in einen gesellschaftlichen konventionellen Rahmen, welchen man mit Wittgenstein „Sprachspiel"[87] nennen könnte, eingelassen ist. Etwas kann also nur zu einem Zeichen werden, wenn es von jemandem als solches betrachtet wird, d. h. wenn es für jemanden auf etwas verweist, in einer kommunikativen Situation mit anderen Zeichen korrespondiert und als Träger von Information verwendet werden kann.

Etwas ungeschützter gesagt: Zu einem Zeichen kann alles werden, was als solches ausgewählt und anerkannt wird. Noch allgemeiner formuliert U. Eco: „In der Kultur kann jede Größe zu einem semiotischen Phänomen werden."[88] Aus der Relationalität des Zeichens folgt aber nicht nur die Einsicht, daß es ein Zeichen als isolierte, an und für sich existierende Wesenheit gar nicht geben kann, sondern auch die Frage, ob die das Zeichen bildende Korrelation von Signifikant und Signifikat notwendigen oder beliebigen Charakter hat. Die Tatsache, daß im allgemeinen die Auswahl der Laute nicht durch die bezeichneten Objekte aufgedrängt wird, hat de Saussure veranlaßt, von einer arbiträren Beziehung zwischen Signifikant und Signifikat zu sprechen.[89] Abgesehen davon, daß damit der falsche Eindruck entsteht, ein Zeichen sei eine total beliebige bzw. willkürliche Sache, hat E. Benveniste gegen diese Formulierung eingewandt,[90] daß höchstens zwischen Signifikant und Referent (= die bezeichnete Sache), nicht aber zwischen Signifikant und Signifikat (= der psychischen Vorstellung von der Sache) eine konventionelle und in diesem Sinne arbiträre Beziehung besteht. Dies setzt natürlich voraus, daß man den de Saussureschen Zeichenbegriff akzeptiert, d. h. den Signifikant als materiellen Vermittler (Laut, Bild, Material) des Signifikats betrachtet, dessen Eigenart wiederum mit R. Barthes funktional so zu definieren ist: „Das Signifikat ... ist jenes ‚Etwas', das derjenige, der das Zeichen gebraucht, darunter versteht."[91] In der Sprache liegt das Signifikat quasi hinter dem Signifikanten bzw. kann nur durch ihn hindurch erreicht werden, was die Vermittlerrolle des Signifikanten doppelt unterstreicht.

Die Verbindung zwischen Laut und Begriff beim Sprachzeichen ist keineswegs individuell arbiträr, sondern das Resultat des Erlernens dieser Sprache, also historisch und gesellschaftlich determiniert. Daß ein Zeichen nicht notwendig so sein muß, wie es ist, und prinzipiell auch anders aussehen könnte, wollen wir in Anlehnung an R. Barthes und unterstützt durch Cl. Lévi-Strauss, für den ein Zeichen nur a priori, nicht aber a posteriori arbiträr ist, dadurch zum Ausdruck bringen, daß wir von der Konventionalität des Zeichens sprechen. „Wir werden also ganz allgemein sagen, daß das Band zwischen Signifikant und Signifikat in der Sprache im Prinzip ein vertraglich festgelegtes Band ist, aber daß es sich dabei um einen kollektiven Vertrag handelt, der in einer langen Temporalität steht."[92]

Unter den Beziehungen zwischen Signifikanten und Signifikaten fallen zwei Typen besonders auf:

a) der Fall, daß ein Signifikant mindestens zwei unterscheidbare Signifikate hat (=Polysemie), wie z.B. bei „Rauchwaren", worunter man sowohl Zigarren als auch Pelze verstehen kann;

b) der Fall, daß zwei verschiedene Signifikanten wie z.B. „Vater" und „Papa" dasselbe Signifikat haben.

Darüber hinaus kann aber auch noch die Relation zwischen Signifikaten und Referenten betrachtet werden.[93] Generell ist anzumerken, daß zwischen Signifikaten und Referenten keine umkehrbar eindeutigen Relationen bestehen, was die Nützlichkeit der Unterscheidung zwischen Bedeutungsfunktion und Bezeichnungsfunktion der Signifikanten unterstreicht. Im Normalfall hat ein Signifikat wie „Vater" viele Referenten, nämlich die Klasse aller Väter. Ebenso gibt es viele Begriffe, die einen einzigen gemeinsamen Referenten haben, wie z.B. in der Theologie „Schöpfer der Welt", „höchstes Wesen", „absolutes Geheimnis" usw., die sich alle auf den transzendenten Referenten „Gott" beziehen. Alle diese Distinktionen unterstreichen noch einmal, wie wichtig der gesamte Kontext des Zeichengebungsprozesses für das Verständnis eines einzelnen Relatums ist. Dies gilt insbesondere für die engere Umgebung des Zeichens, wobei neben das Problem der Bedeutung eines Zeichens auch das Problem seines Wertes und damit die Frage nach seinem Sinn tritt. Der Begriff des Wertes ist in besonderer Weise auf das synchrone System der langue bezogen und schafft eine Annäherung zwischen Linguistik und Ökonomie:

In beiden Fällen handelt es sich um ein System von Gleichwertigkeiten zwischen Dingen verschiedener Ordnung: um eine Arbeit und einen Lohn, um einen Signifikanten und ein Signifikat (dies ist das Phänomen, das wir bisher *Bedeutung* [signifikation] genannt haben); aber sowohl in der Sprachwissenschaft wie in der Wirtschaftswissenschaft ist diese Gleichwertigkeit nicht isoliert, denn wenn man eines ihrer Glieder verändert, verändert sich nach und nach das ganze System. Damit es ein Zeichen (oder einen ökonomischen „Wert") geben kann, muß man also einerseits unähnliche Dinge (eine Arbeit und einen Lohn, einen Signifikanten und ein Signifikat) *auswechseln* können und andererseits ähnliche Dinge *vergleichen* können: ein Fünfmarkstück kann man auswechseln gegen Brot, Seife oder Kinokarten, aber man kann diese Münze auch mit Zehnmarkscheinen, Fünfzigmarkscheinen usw. vergleichen; ebenso läßt sich ein „Wort" gegen eine Vorstellung (d.h. gegen Unähnliches) auswechseln, aber auch mit anderen „Wörtern" (d.h. mit Ähnlichem) vergleichen.[94]

Jedes Zeichen erhält also seinen Wert in bezug auf seine Nachbarn, die um es herum gruppiert sind. Der Sinn steht erst am Ende der doppelten Determination des Zeichens als Bedeutung und Wert. In einem bildhaften Vergleich läßt sich dies ungefähr so erklären: Denken wir uns ein Blatt Papier und nehmen eine Seite als Ausdrucksseite (Signifikant), die andere als Inhaltsseite (Signifikat). Teilen wir das Blatt in Figuren auf und schneiden diese aus, dann ist die Bedeutung der Figuren ihr Verhältnis von Vorderseite und Rückseite, während ihr Verhältnis zueinander ihren Wert und die Zerlegung als ganze ihren Sinn darstellt.

Im Anschluß an de Saussure stellen sich daher Barthes und andere Strukturalisten die Produktion des Sinns vor

als *einen Akt der simultanen Zerlegung* zweier gestaltloser Massen … Der Sinn stellt sich erst ein, wenn man diese beiden Massen gleichzeitig und mit einem Schlag zerlegt: die (so erzeugten) Zeichen sind also *articuli;* zwischen diesen beiden chaotischen Massen bildet der Sinn also eine Ordnung, aber diese Ordnung ist im wesentlichen *Teilung:* die Sprache ist ein Gegenstand, der zwischen dem Laut und dem Denken liegt; sie besteht darin, *den einen mit dem anderen zu vereinen, indem sie beide gleichzeitig zerlegt.*[95]

Diese Auffassung von Sinnproduktion als Zerlegung macht ein Wesensmerkmal des Strukturalismus aus.[96]

2. Wir haben bereits kurz erwähnt, daß die sprachlichen Gliederungen sich nach zwei Achsen entwickeln können: in Richtung der Syntagmen und in Richtung der Paradigmen (welche de Saussure „Assoziationen" nennt).

Die erste Ebene ist die der *Syntagmen;* das Syntagma ist eine Kombination von Zeichen, deren Grundlage die Ausdehnung ist; in der gegliederten Sprache ist diese Ausdehnung linear und irreversibel (es ist die „Kette des Sprechens"): zwei Elemente lassen sich nicht zu gleicher Zeit aussprechen *(Rück-zug, gegen alle, das menschliche Leben):* jedes Glied erhält seinen Wert nur aus seinem Gegensatz zu dem, was ihm vorausgeht, sowie zu dem, was ihm folgt; in der Kette der gesprochenen Wörter sind die Glieder wirklich *in praesentia* miteinander verbunden; die analytische Tätigkeit in bezug auf das Syntagma besteht in der Zerlegung. Die zweite Ebene ist die der *Assoziationen* (um Saussures Terminologie beizubehalten): „*Andererseits aber assoziieren sich außerhalb des gesprochenen Satzes (syntagmatische Ebene) die Wörter, die irgend etwas unter sich gemein haben, im Gedächtnis, und so bilden sich Gruppen, innerhalb derer sehr verschiedene Beziehungen herrschen":* das Wort *Belehrung* läßt sich dem Sinn nach mit *Erziehung, Unterricht,* assoziieren; dem Laut nach mit *lehren, belehren* oder mit *Bekehrung, Bewährung, Begleitung;* jede Gruppe bildet eine virtuelle Gedächtnisreihe, einen „Gedächtnisschatz"; innerhalb jeder Reihe sind die Glieder, im Gegensatz zu dem Geschehen auf der Ebene des Syntagmas, *in absentia* miteinander verbunden; die analytische Tätigkeit, die sich auf die Assoziation bezieht, ist die Klassifizierung.[97]

Als nichtsprachliches Beispiel kann man z. B. die Kleidung nehmen: Hemd, Hose, Strümpfe bilden ein Syntagma; Lederhose, Cordhose, Shorts usw. ein Paradigma.

Die paradigmatische (bzw. assoziative) Achse ist sehr eng mit Sprache als langue verbunden, während die syntagmatische Ebene dem Sprechen (parole) nähersteht, „weil es sich, abgesehen von den Schwankungen der Lautgebung, als eine (vielfältige) *Kombination* von (rekurrenten) Zeichen definieren läßt: der gesprochene Satz ist der Haupttypus des Syntagmas."[98] Dies widerspricht nicht der Feststellung, daß das Syntagma als syntaktisch normierte Form wesentlich zur langue gehört, denn das Syntagma ist zunächst einmal eine beliebige Anordnung heterofunktionaler Zeichen, der erst nachträglich eine syntaktische Ordnung aufgeprägt wird. Bei jedem Syntagma steht man vor dem analytischen Problem, wie es in seine Bedeutungseinheiten zerlegt werden kann bzw. wie sich die Grenzen der Zeichen ermitteln lassen, aus denen es besteht. Die strukturale Linguistik leistet diese Zerlegung mit Hilfe der Kommutationsprobe.

Die Kommutationsprobe besteht darin, auf der Ausdrucksebene (Signifikanten) einen künstlichen Austausch vorzunehmen und zu beobachten, ob dieser Austausch eine entsprechende Veränderung auf der Inhaltsebene (Signifikate) mit sich bringt ... Die Kommutationsprobe erlaubt es im Prinzip, nach und nach die Bedeutungseinheiten zu ermitteln, aus denen das Syntagma gewoben ist, womit sie die Einteilung dieser Einheiten in Paradigmen vorbereitet; natürlich ist sie in der Rede (langage) nur möglich, weil der Analytiker eine gewisse Kenntnis vom Sinn der analysierten Sprache besitzt.[99]

Sind die syntagmatischen Einheiten eines semiologischen Systems einmal bestimmt (Moneme und Phoneme; die Teile eines Kleidungsstückes; die Gänge eines Menüs), dann müssen noch die Regeln gefunden werden, nach denen ihre Anordnung im Syntagma erfolgt.

Die kombinatorischen Zwänge sind durch die Sprache [langue] festgelegt, aber das Sprechen [parole] füllt sie in unterschiedlicher Weise aus: es bleibt demnach eine gewisse Freiheit zur Assoziation der syntagmatischen Einheiten bestehen. Was die Rede [langage] betrifft, so hat Jakobson darauf hingewiesen, daß der Sprechende über eine fortschreitende Freiheit in der Kombination der sprachlichen Einheiten, vom Phonem bis zum Satz, verfügt: die Freiheit, Paradigmen aus Phonemen zu bilden, ist gleich Null, denn hier ist der Code durch die Sprache festgelegt; die Freiheit, Phoneme zu Monemen zu vereinen, ist begrenzt, denn es gibt „Gesetze" für Wortschöpfungen; die Freiheit, „Wörter" zu Sätzen zu kombinieren, ist real vorhanden, wenn auch durch die Syntax und eventuell die Unterwerfung unter stereotype Äußerungen eingeschränkt; die Freiheit, Sätze zu kombinieren, ist die größte, denn hier gibt es keine Zwänge mehr auf der Ebene der Syntax (die Zwänge zur geistigen Kohärenz, die noch bestehen mögen, sind nicht mehr sprachlicher Ordnung).[100]

Angesichts dieser Ausführungen erscheint die Kritik von H. Lefèbvre[101] am Strukturalismus, insofern er diesem eine Mißachtung der verschiedenen signifikativen Niveaus einer Sprache (Phoneme, Morpheme = Wörter, Sätze) vorwirft, unbegründet. Erst recht läßt sich folglich auch das Postulat von der Kohärenz des Sprachsystems nicht widerlegen bzw. als ideologisches Moment am Strukturalismus denunzieren.

Gehen wir nun über zu der Ebene der Paradigmen, die als eine Reihe asso-
ziativer Felder vorgestellt werden können, „von denen die einen durch eine
lautliche Affinität (*Belehrung, Begleitung*), die anderen durch eine Affinität des
Sinns bestimmt sind (Belehrung, Unterricht)."[102] Die einzelnen Glieder oder
Terme des Paradigmas müssen sowohl ähnlich als auch unähnlich sein, d. h. sie
müssen aus einem gemeinsamen Element (z. B. dem Phonem „ung") und
einem differentiellen Element („lehr" / „gleit") bestehen. Die innere Beziehung der Glieder eines Paradigmas wird in Anlehnung an den Sprachgebrauch
der Phonologie Opposition genannt, eine nicht unmißverständliche Benen-
nung, da sie hinter der paradigmatischen Relation immer entweder einen logischen Gegensatz oder eine binäre Ordnung (von Ja-Nein-Entscheidungen)
vermuten läßt. Neben der kontradiktorischen Opposition (gut / nicht-gut) gibt
es nämlich noch die konträre Opposition (hoch / tief) und die polare Opposition (rot / blau). Darüber hinaus umfaßt die Opposition noch viel mehr Möglichkeiten, denn schon auf den ersten Blick tauchen ungezählte Oppositionen
auf, da jeder Signifikant allen anderen Signifikanten gegenübersteht (Positionsdifferenz). „Dennoch ist ein Klassifizierungsprinzip möglich, wenn man
sich *von einer Typologie der Beziehungen zwischen dem ähnlichen und dem verschiedenen Element der Opposition leiten läßt.*"[103]
   Eine mögliche Einteilung kann ausgehen von der der Zweigliederung der
menschlichen Rede (langage) entsprechenden Unterscheidung zwischen
distinktiven Oppositionen (zwischen Phonemen) und signifikativen Oppositionen (zwischen Monemen). R. Barthes referiert eine von J. Cantineau vorgeschlagene, auf Trubetzkoy zurückgehende Einteilung in drei Klassen, von
denen jede wieder zwei Teilklassen umfaßt.[104]
   Wir wollen uns hier nicht auf eine Diskussion des mit einer allgemeinen
Typologie der Oppositionen aufgeworfenen Problems der Universalität des
Binarismus (d. h. ob nicht alle Oppositionen auf das Modell Anwesenheit /
Abwesenheit eines Merkmals reduzierbar sind) einlassen, da der Binarismus in
der Phonologie noch umstritten und seine Verbreitung in Semantik und Prag-
matik unerforscht ist. Wer dem Strukturalismus vorwirft, die Universalität des
Binarismus von der Natur bis zur Gesellschaft zu behaupten, der übersieht
zumindest, daß schon de Saussure das paradigmatische Feld nicht durchgehend als binär organisiert angesehen hat:

Ein gegebenes Glied ist wie der Mittelpunkt einer Zusammenstellung, der Punkt, an dem
andere, damit zusammengeordnete Glieder zusammentreffen, deren Summe unbestimmt
ist.[105]

Hinreichend belegt ist hingegen die Vermutung, daß die binären Oppositionen, wenn auch nicht die Totalität, so doch die Mehrheit der von der Semio-

logie erfaßbaren Oppositionsbeziehungen bilden. Als gesichert aber kann die These gelten, daß die Oppositionsbeziehung für alle Sprachebenen elementar und daher ebenso für die Phonetik wie die Syntax und Semantik grundlegend ist.

3. Ein weiteres brauchbares analytisches Instrumentarium liefert die Unterscheidung zwischen Denotation, Konnotation und Metasprache.[106]
Gegeben sei eine Bedeutung durch die Relationsformel A R I. Nehmen wir an, daß die Ausdrucksebene A selber wieder ein Bedeutungssystem nach dem Schema A R I ist, dann haben wir es mit zwei verknüpften Bedeutungssystemen zu tun, was durch die Formel (A R I) R I oder durch ein räumlich versetztes Schema dargestellt werden kann:

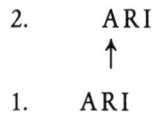

Diesen Fall, daß das erste Bedeutungssystem zum Signifikanten des zweiten Systems wird, nennt Hjelmslev eine Konnotationssemiotik bzw. ein *Konnotationssystem.* Das erste Bedeutungssystem bildet die Ebene der Denotation, das zweite die Ebene der Konnotation. Die Konnotationssignifikanten, die sogenannten Konnotatoren, bestehen also aus den Zeichen des Denotationssystems, wobei auch die Kombination mehrerer Zeichen des Denotationssystems zu einem einzigen Konnotator zulässig ist, d. h. also, daß die Einheiten des Konnotationssystems nicht die gleiche „Länge" haben müssen wie die Einheiten des Denotationssystems. Was das Konnotationssignifikat anbetrifft, so kann es einen sehr unterschiedlichen Charakter haben (alle juristischen Bestimmungen z. B., aufgefaßt als ein Denotationssystem, konnotieren das Signifikat „Recht"; das Denotationssystem eines Vortrags kann z. B. durch den Tonfall des Redners, aufgefaßt als eigenständiger Signifikant, das Signifikat „Feierlichkeit" oder „Gelehrsamkeit" konnotieren). Man sieht leicht, daß sich das Konnotationssystem weiter aufstocken läßt zu komplexeren Systemen, worin seine eigentümliche Fruchtbarkeit liegt, so daß R. Barthes der Meinung ist, die Zukunft gehöre zweifellos einer Linguistik der Konnotationen.
Nun bietet die Bedeutungsformel A R I aber noch eine zweite Ersetzungsmöglichkeit an, nämlich den Fall, daß das Denotationssystem nicht zur Ausdrucksebene, sondern zur Inhaltsebene bzw. zum Signifikat des zweiten Systems wird, womit die Formel A R (A R I) oder ein nach rechts versetztes räumliches Schema entsteht:

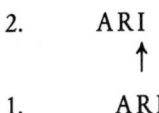

2.   ARI
      ↑
1.   ARI

In diesem Falle, wo die Inhaltsebene des zweiten Systems durch die Zeichen des ersten Systems gebildet werden, sprechen wir von einer *Metasprache*. Die Signifikanten der Metasprache bezeichnen die Objektsprache, welche ihr Signifikat darstellt. Es liegt auf der Hand, daß Wissenschaftssprachen, die sich als Erklärung über ein objektsprachlich aufgebautes Informationssystem schieben, den Charakter einer Metasprache haben. So bildet auch die Semiologie als Wissenschaft eine Metasprache zum untersuchten semiologischen System selber, z. B. zur Literatur oder zur Mode. Die Metasprache spricht also das ihr zugrundeliegende System neu aus.

Zwischen Konnotationssystem und Metasprache sind wiederum neue Verknüpfungen möglich. Bildet z. B. eine denotative Ebene die Metasprache zu einem realen semiologischen System wie z. B. der real getragenen Mode, dann kann sich dieser Ebene wieder ein Konnotationssystem überlagern:

Konnotationssystem   ARI
                           ↑
Metasprache   ARI
                           ↑
Reales System   ARI

Beispiel: Die Metasprache formuliert erst die Bedeutung der getragenen Mode. Mit dieser gesprochenen Mode lassen sich dann ideologische Inhalte, wie z. B. „lange Kleider sind feierlich", „blau macht schlank" konnotieren.

Wir werden die Operationalität des hier eingeführten analytischen Instrumentariums sowohl bei der Bestimmung der semiologischen Eigenart von Mythos, Religion und Ideologie als auch bei der Unterscheidung von Ideologie und Wissenschaft in einer späteren Untersuchung noch unter Beweis zu stellen versuchen.[107]

KAPITEL III

Strukturalismus als kreative Tätigkeit
(R. Barthes)

Die methodologischen Fundamente

Der Ansatz von R. Barthes läßt sich zunächst dadurch kennzeichnen, daß er versucht, die sowohl durch F. de Saussure begründete linguistische Forschungsrichtung als auch den Ansatz und die Erkenntnisse der strukturalen Anthropologie von Cl. Lévi-Strauss für die Literaturwissenschaft fruchtbar zu machen. Mit F. de Saussure bewegt sich R. Barthes im Rahmen der Semiologie als Wissenschaft der komplexen Zeichensysteme, unter deren Subsystemen zwar die Sprache eine besondere Rolle spielt, was aber nicht zur Vernachlässigung der Analyse anderer Subsysteme wie z.b. der Mode oder der Reklame führen darf, denen R. Barthes daher auch besondere Aufmerksamkeit widmet, wobei er sich allerdings dann in letzter Instanz doch wieder weitgehend auf die verbalisierten/verbalisierbaren Komponenten der nichtsprachlichen Zeichensysteme beschränkt. Seine ersten beeindruckenden semiologischen Studien hat R. Barthes bereits 1957 in seinem Buch „Mythologies" vorgelegt, wobei seine Begeisterung für die Semiologie auch ideologiekritische Gründe hatte.[108] R. Barthes möchte aus der Semiologie eine allgemeine Linguistik der Zeichensysteme machen und bemüht sich daher später in seinen „Eléments de semiologie" (1964) darum, die schon bei F. de Saussure vorhandenen Termini in Richtung auf ihre Verwendung in einer allgemeinen semiologischen Analyse zu erweitern. Gleichzeitig kann er so seinen früheren Untersuchungen (1960, 1961) zur Sprache der Ernährung, zur Modekleidung und zur Photographie den fälligen systematischen Rahmen geben.[109] Das Paar langue/parole z.B. wird durch Barthes so erweitert, daß auch Phänomene des öffentlichen und privaten Lebens (Kleidung, Ernährung, Möbel usw.) als Ausdrucksformen (parole) eines Systems (langue) aufgefaßt werden können: „Wir werden also postulieren, daß es eine allgemeine Kategorie *langue/parole* gibt, die sich auf alle Bedeutungssysteme erstreckt."[110] So läßt sich z.B. der Bereich der Nahrung als ein solches Bedeutungssystem auffassen, in dem die Trennung von langue und parole wiederzufinden ist.[111] Die „langue alimentaire" ist das bei jedem Essen vorausgesetzte Ordnungssystem. Es besteht aus vier Bestandteilen: a) dem Inventar der erlaubten und verbotenen Nahrungsmittel, b) oppositionellen Wertungen wie salzig/süß, c) den Regeln der Zusammenstellung eines Essens (simultan oder sukzessiv), d) „allgemein üblichen Etiketten" (Festmahl, Imbiß usw.). Die „parole alimentaire" umfaßt nun „alle persönlichen (oder familiären) Variationen der Zubereitung und Zusammenstellung,"[112] die auf Wochentage oder Teilnehmer am Essen bezogenen Selektionen innerhalb des geregelten Angebots usw.[113]

Die bunte Fülle von möglichen Objekten semiologischer Analyse ergibt sich für Barthes aus folgender Prämisse:

> *Sobald es eine Gesellschaft gibt, wird jeder Gebrauch zum Zeichen dieses Gebrauchs:* der Gebrauch des Regenmantels besteht darin, vor Regen zu schützen, aber dieser Gebrauch ist untrennbar mit dem Zeichen einer gewissen atmosphärischen Situation verbunden; da unsere Gesellschaft nur standardisierte, normalisierte Objekte hervorbringt, sind diese Objekte notwendig die Ausführungen eines Modells, die „paroles" einer „langue", die Substanzen einer signifikanten Form.[114]

In dieser Annahme klingt zweifelsohne die Programmatik von Lévi-Strauss durch, dessen Ziel es ist, ein Modell der Gesellschaft zu erstellen, in dem die elementaren Strukturen der einzelnen gesellschaftlichen Sektoren (Verwandtschaftssysteme, Eßgewohnheiten, ökonomische Produktion usw.) als transformierbare Oppositionsketten erfaßt werden können (roh/gekocht, Honig/Asche, Leben/Tod).

Noch deutlicher wird eine grundsätzliche Orientierung an Lévi-Strauss in der aus dem Jahre 1963 stammenden Kampfansage an die traditionelle Literaturtheorie, Literaturgeschichte und biographisch fixierte Literaturkritik:

> Literaturgeschichte ist nur möglich, wenn sie soziologisch betrieben wird, wenn sie sich für die Aktivitäten und Institutionen interessiert und nicht für die Individuen...Die Schriftsteller werden darin nur als Teilnehmer an einer institutionellen Aktivität betrachtet, die sie als einzelne übersteigt, genau wie in den sogenannten primitiven Gesellschaften der Zauberer an der magischen Funktion partizipiert; diese Funktion, in keinem geschriebenen Gesetz fixiert, kann zwar nur mittels der Individuen, die sie ausüben, erfaßt werden ; trotzdem ist diese Funktion allein der Gegenstand der Wissenschaft. Es handelt sich also darum, bei der Literaturgeschichte, wie wir sie kennen, eine radikale Konversion zu erreichen, analog jener, die den Übergang von Königs-Chroniken zur Geschichtsschreibung im eigentlichen Sinn ermöglicht hat. Unsere literarischen Chroniken durch einige neue historische Ingredienzien zu ergänzen, hier mit einer noch unveröffentlichten Quelle, da mit einer aufpolierten Biographie, dient zu nichts: der Rahmen selbst muß gesprengt werden und das Objekt sich umdrehen. *Amputer la littérature de l'individu!*[115]

Während es jedoch Lévi-Strauss um die jeder Institution zugrundeliegenden einfachen Formen geht, aus denen sich dann die konkreten Einzelstrukturen zusammensetzen lassen, ist Barthes mehr an aktuellen Strukturen interessiert, die sich nicht so ohne weiteres als Transformation einfacher Oppositionsketten ergeben. Die Systeme, die so konstruiert werden können, bestehen aus Elementen und Relationen, deren stringente Begründung meist in ihrer faktischen Gegebenheit, nicht aber in einem sie hervorbringenden Prinzip zu suchen ist. Mit ihrem Umfang wächst auch die Schwierigkeit, sie durchgängig nach binären Oppositionspaaren aufzubauen und jeder Positionsdifferenz eine Bedeutung zuzuordnen. Wie stark oder schwach die Organisierbarkeit eines Systems als Struktur herausgearbeitet werden kann, hängt daher sehr vom Einzelfall ab, wie wir an der eingehenden Systemanalyse von R. Barthes, die er der Mode gewidmet hat, noch sehen werden. Gegenüber Lévi-Strauss wird bei Barthes trotz allen gemeinsamen Interesses an den idealen Grundstrukturen, an den konstitutiven Prinzipien und verbindlichen Funktionen doch eine Verschiebung vom Pol der Geschlossenheit und Notwendigkeit eines Systems zum Pol seiner Offenheit und Relativität hin sichtbar.

Denken in offenen Strukturen

Trotz aller offensichtlichen Selbstverpflichtung von Barthes, bei den Klassikern anzuknüpfen und sich ihren methodologischen Postulaten zu unterwerfen, ist bei ihm der Weg zu einem offenen Strukturdenken von Anfang an vorgezeichnet, auch wenn er ihn in seinen breit gefächerten Arbeiten nicht immer gradlinig beschritten und sich die Erprobung mancher Seitenwege gestattet hat. So heißt es bereits in seinem Buch über Racine (1963):

Schreiben heißt den Sinn der Welt erschüttern, ihm eine *indirekte* Frage stellen, auf die zu antworten sich der Schriftsteller enthält durch ein letztes In-der-Schwebe-Lassen. Es ist an jedem von uns, die Antwort zu geben, indem jeder seine Geschichte, seine Sprache, seine Freiheit dabei einbringt; doch wie Geschichte, Sprache und Freiheit unendlich sich ändern, so ist auch die Antwort der Welt auf den Schriftsteller unendlich: man wird niemals aufhören, dem zu antworten, was außerhalb jeder Antwort geschrieben worden ist: behauptet, dann in Frage gestellt, dann ersetzt, so vergehen die Bedeutungen (*sens;* Sinngebungen), die Frage aber bleibt.[116]

Wird damit die Interpretation von Texten der Beliebigkeit ausgeliefert, wie Barthes Kritiker R. Picard ihm vorgeworfen hat,[117] oder haben sich nur die Objektivitätskriterien gewandelt, bzw. wurde die Relativität und Kontextualität jeder Interpretation sichtbar?

Noch deutlicher wird die Position von Barthes in seinem wegweisenden Essay „Die strukturalistische Tätigkeit"[118] aus dem gleichen Jahr 1963, in welchem man so etwas wie ein strukturalistisches Manifest erblicken kann.

Barthes geht in diesem Essay davon aus, daß die Erkennungsmarke eines Strukturalisten der Gebrauch einer bestimmten Terminologie ist, was jedoch nicht zu der Auffassung führen darf, daß sich der Strukturalismus im Gebrauch einer intellektuellen Metasprache erschöpft. Daher möchte Barthes den Strukturalisten doch lieber „durch die Art, wie er die Struktur geistig erlebt,"[119] als durch ein Arsenal von Konzepten und Normen kennzeichnen:

Es ist in der Tat anzunehmen, daß es Schriftsteller, Maler und Musiker gibt, in deren Augen das *Praktizieren* der Struktur (und nicht nur der Gedanke an sie) eine distinktive Erfahrung darstellt, und daß man Analytiker wie Schöpfer unter das gemeinsame Zeichen dessen stellen muß, was man den *strukturalen Menschen* nennen könnte.[120]

Künstlerische Produktion und wissenschaftliche Analyse werden damit einander angenähert, denn beides sind Tätigkeiten, denen es nicht so sehr um eine Kopie der Welt, sondern um Erkenntnis der Bedingungen der Möglichkeit von Bedeutung und damit um ihre konstruktive Erzeugung geht.

Man könnte sogar sagen, daß das Objekt des Strukturalismus nicht der mit bestimmten Bedeutungen bedachte, sondern der Bedeutungen erzeugende Mensch ist, so als würden die semantischen Ziele – die Ziele der Menschheit – nicht etwa durch den Inhalt der Bedeutungen ausgeschöpft, sondern einzig durch den Akt, der jene Bedeutungen – geschichtliche und kontingente Variablen – erzeugt. *Homo significans:* das wäre der neue Mensch der strukturalen Forschung.[121]

Nicht Ideen oder Prinzipien, sondern eine bestimmte Herangehensweise an die Objekte kennzeichnen daher den Strukturalismus in Kunst und Wissenschaft. Die Tatsache der Verknüpfung der Elemente zu einem bedeutungsvollen Ganzen ist wichtiger als der im Netz der Verknüpfungen eingefangene einzelne Inhalt, womit ein weiterer Grundzug des Strukturalismus genannt ist. „Der Strukturalismus ist demnach für *alle* seine Nutznießer im wesentlichen eine *Tätigkeit,* d. h. die geregelte Aufeinanderfolge einer bestimmten Anzahl geistiger Operationen."[122] Gemeint sind damit vor allem die für die strukturalistische Tätigkeit typischen Operationen „Zerlegung und Arrangement"[123]. Durch die Operation des Zerlegens findet man im gegebenen Objekt kleinere Einheiten (Phoneme, Sememe, Mytheme, Ideologeme usw.), deren Differenz zueinander die Bedeutung hervorbringt.

All diese Einheiten (was immer ihre im einzelnen sehr verschiedene innere Struktur und Ausdehnung sein mag) haben eine signifikative Existenz einzig durch ihre Grenzen: sowohl durch diejenigen, durch die sie von den anderen *aktuellen* Einheiten getrennt werden (das jedoch ist ein Problem des Arrangements) als auch durch diejenigen, durch die sie sich von anderen *möglichen* Einheiten, mit denen sie eine bestimmte Klasse bilden, unterscheiden. Die Linguisten sprechen im letzten Fall vom *Paradigma;* dieser Begriff scheint wesentlich zu sein für das Verständnis der strukturalistischen Einstellung: das Paradigma ist ein Vorrat von Objekten (Einheiten), so begrenzt wie nur möglich, aus dem man, durch einen Akt des Nennens, dasjenige Objekt (oder die Einheit) herausholt, das man mit einer aktuellen Bedeutung versehen will; das paradigmatische Objekt wird dadurch charakterisiert, daß es zu den anderen Objekten seiner Klasse in einer bestimmten Beziehung der Affinität und Verschiedenartigkeit steht: zwei Einheiten eines Paradigmas müssen sich in einigem gleichen, damit die Verschiedenheit, die sie trennt, Evidenz gewinnen kann: *s* und *z* müssen zugleich eine gemeinsame Eigenschaft (ihre Dentalität) und eine distinktive Eigenschaft (das Vorhandensein oder Fehlen von Sonorität) besitzen,[124] damit wir im Französischen dem Wort *poisson* (Fisch) nicht dieselbe Bedeutung geben wie *poison* (Gift);... Die Operation des Zerlegens erzeugt somit einen ersten zersplitterten Zustand des Simulacrums, doch die Einheiten der Struktur sind durchaus nicht anarchisch: bevor sie verteilt und in die Komposition eingeschlossen werden, bildet jede von ihnen zusammen mit dem ihr zugehörigen möglichen Vorrat einen intelligenten Organismus, der einem obersten bewegenden Prinzip unterworfen ist: dem des kleinsten Unterschiedes.[125]

Das zweite Stadium der strukturalistischen Tätigkeit, das Arrangement, „ist eine Art Kampf gegen den Zufall,"[126] da den in der Zerlegung gewonnenen Einheiten nun die passenden Assoziationsgesetze „abgelauscht" werden müssen. Diese zweite Operation darf sich jedoch nicht mit einer bloß äußerlichen Gruppierung voneinander unabhängiger Einzelteile zufriedengeben, sondern ihr Ziel muß ein System sein, dessen Elemente durch wechselseitige Opposition aufeinander bezogen sind. Ziel des Arrangements ist eine solche Rekonstruktion des Objekts, die die Assoziationsregeln und funktionalen Gesetze sichtbar macht, nach denen das semiologische System aufgebaut ist, so daß von dorther auch alle seine möglichen Konstellationen ableitbar werden. Diese schöpferische Technik des Arrangements, wobei Barthes den inneren Zusammenhang von Technik und Schöpfung als solchen besonders hervorhebt, läßt sich daher am besten als strukturale Komposition bezeichnen.

Was hier anhand des Kunstwerks erläutert wird, gilt mutatis mutandis aber auch von allen andern Objekten der strukturalistischen Tätigkeit, seien es nun Texte, Riten oder soziale Beziehungen. Es geht dem Strukturalismus also nicht um eine bloße Widerspiegelung der vorhandenen Welt in einer Vorstellungswelt des menschlichen Bewußtseins oder um einen „originalgetreuen Abdruck", sondern um ein wirkliches Verstehen der Dinge durch ihre schöpferische Nachahmung.

Das Ziel jeder strukturalistischen Tätigkeit, sei sie nun reflexiv oder poetisch, besteht darin, ein „Objekt" derart zu rekonstituieren, daß in dieser Rekonstitution zutage tritt, nach welchen Regeln es funktioniert (welches seine „Funktionen" sind). Die Struktur ist in Wahrheit also nur ein *simulacrum* des Objekts, aber ein gezieltes, „interessiertes" Simulacrum, da das imitierte Objekt etwas zum Vorschein bringt, das im natürlichen Objekt unsichtbar oder, wenn man lieber will, unverständlich blieb. Der strukturale Mensch nimmt das Gegebene, zerlegt es, setzt es wieder zusammen; das ist scheinbar wenig (und veranlaßt manche Leute zu der Behauptung, die strukturalistische Arbeit sei „unbedeutend, uninteressant, unnütz" usw.) Und doch ist dieses Wenige, von einem anderen Standpunkt aus gesehen, entscheidend; denn zwischen den beiden Objekten, oder zwischen den beiden Momenten strukturalistischer Tätigkeit, bildet sich *etwas Neues*, und dieses Neue ist nichts Geringeres als das allgemein Intelligible: das Simulacrum, das ist der dem Objekt hinzugefügte Intellekt, und dieser Zusatz hat insofern einen anthropologischen Wert, als er der Mensch selbst ist, seine Geschichte, seine Situation, seine Freiheit und der Widerstand, den die Natur seinem Geist entgegensetzt.[127]

Durch Hineintauchen in die Suche des griechischen Mythos nach der geheimen Bedeutung hinter den Naturphänomenen verdeutlicht Barthes noch einmal diesen schöpferischen Aspekt der strukturalistischen Tätigkeit:

Seither hat die Natur sich gewandelt, sie ist gesellschaftlich geworden: alles was dem Menschen gegeben ist, ist auch schon menschlich, bis hin zum Wald und zum Fluß, den wir auf unseren Reisen durchqueren. Doch dieser gesellschaftlichen Natur, die ganz einfach die Kultur ist, steht der strukturale Mensch nicht anders gegenüber als der alte Grieche: auch er leiht sein Ohr dem Natürlichen in der Kultur und nimmt unablässig in ihr nicht so sehr feststehende, endgültige, „wahre" Bedeutungen als vielmehr den Schauer einer ungeheuren Maschine wahr, nämlich der Menschheit, die unermüdlich an der Schöpfung von Bedeutung arbeitet, ohne die sie nicht mehr menschlich wäre.[128]

Diese Ausführungen von R. Barthes stehen in einem scharfen Kontrast zu jeder theoretischen Eliminierung des Subjekts, woraus zu ersehen ist, wie fahrlässig jene Kritiker sind, die dem Strukturalismus insgesamt vorwerfen, subjekt- und geschichtsfeindlich zu sein, womit nicht behauptet sein soll, es sei immer leicht, das Fruchtbare am Strukturalismus vom Bedenklichen scharf abzugrenzen.

Das System der Mode: ein konstruktiver Testfall

Wie ein strukturalistisches Modell semiologischer Analyse bei einem speziellen Zeichensystem aussehen kann, hat Barthes erstmals 1967 in seinem Buch „Système de la Mode" ausführlich vorgeführt.[129] Gegenüber den von Lévi-Strauss untersuchten elementaren Verwandtschaftsbeziehungen unterscheidet sich das System der Mode in doppelter Hinsicht: a) es ist wie die meisten semiologischen Systeme ein System aus Systemen; b) es enthält eine beinahe unkontrollierbare Zahl von Elementen und Kombinationsmöglichkeiten. Diese Vielfalt wird noch vermehrt durch die kreative „parole" der Modeschöpfer.

Um einen relativ stabilen Bezugsrahmen voraussetzen zu können, beschränkt sich Barthes daher bei seinen Untersuchungen auf Texte zweier französischer Modezeitschriften aus dem Zeitraum von Juli 1958 bis Juli 1959, legt also von vornherein den Schwerpunkt auf die geschriebene/beschriebene Mode und nicht auf die tatsächlich getragene Mode. Dem liegt die durch seine Untersuchungen am Objekt „Mode" bestätigte Hypothese zugrunde, daß auch einem so bildhaften Phänomen wie der Mode ohne Rückgriff auf seine sprachlichen Komponenten schlecht beizukommen ist. „Die wirkliche Kultur bietet nur Objekte, die von menschlicher Sprache durchdrungen sind, sei es in der Form der Beschreibung, des Kommentars, der Konversation."[130] Barthes ist sich des Risikoreichtums seiner semiologischen Analyse bewußt und läßt daher in seinem Buch methodische Reflexionen ausgiebig zu Wort kommen. Nach einem Einführungsteil und einer Darstellung der Methode untersucht er im ersten Hauptteil den „Bekleidungscode" („Code vestimentaire"), im zweiten Hauptteil das „rhetorische System", welches die Mode samt ihrem Code in Beziehung setzt zur gesellschaftlichen Situation, unter Einschluß der ideologisch/weltanschaulichen Elemente (wie z. B. dieses Kleidungsstück trägt man bei feierlichen Anlässen; dieses Stück wirkt ordinär usw.).

Genaugenommen besteht das System der Mode also aus vier Subsystemen: a) die faktisch getragene Mode, b) die schriftlich elaborierte Mode, c) die gesellschaftlichen Modesituationen, d) die Modeideologie (z. B. auch Wertungen des Körpers wie schlank = schön usw.). Man kann Barthes zufolge in der Modeideologie noch einmal einen eigenen Sektor ausgrenzen, nämlich das globale, normativ funktionierende Signifikat „Mode" (es gestattet eine Differenzierung vorzunehmen zwischen aktuellen Modephänomenen und einer deren Einheit garantierenden Instanz „Mode", die z. B. Feststellungen der Art wie „dieses Kleid entspricht der Mode" zugrundeliegt).

Aus diesen fünf Komponenten konstruiert Barthes ein komplexes semiologisches System, wobei er die verschiedenen Anteile mit Hilfe des Begriffspaares Signifikant/Signifikat aufeinander bezieht. So läßt sich die wirklich getragene Mode (ein langes Abendkleid z. B.) begreifen als Signifikant, dessen Signifikat die gesellschaftliche Situation des Konzertbesuches ist. Die Beschreibung von Kleidungsstücken und Situationen in der Modezeitschrift läßt sich nach dem Prinzip des Aufbaus mehrstufiger semiologischer Systeme dann als den sprachlichen Signifikanten des aus Kleidungsstück und Situation gebildeten Signifikats begreifen. Mit Hilfe der konnotativen Schachtelung wiederum läßt sich der geschriebenen Mode als Signifikant nicht nur das denotative Signifikat der situationsbezogenen Mode, sondern auch das konnotative Signifikat der mode-ideologischen Wertungen zuordnen.

Ein weit schwierigeres Problem als diese Verknüpfung der Subsysteme bildet jedoch die Aufstellung einer adäquaten Nomenklatur der signifikanten Einheiten des Modesystems. Als Normalform der sprachlichen Bezeichnung wählt Barthes das Bezeichnungsmolekül: Objekt / Support / Variante (Beispiel: „Ein Kleid mit kurzen Ärmeln"; Objekt = Kleid, Support = Ärmel, Variante = kurz). Die Determination der Nomenklatur erfordert somit die Aufstellung zweier Lexika: das Lexikon der Gattungen, Arten und Unterarten, aus denen die Objekte und Supporte gewählt werden können, und das Lexikon der Varianten. Die Gattungen faßt Barthes paradigmatisch auf (Hüte und Mützen z. B. gehören zur gleichen Gattung, weil man sie nicht gleichzeitig tragen kann). Er unterscheidet sechzig Gattungen. Das Inventar der Varianten

(Größe, Farbe usw.) weist allein dreißig Elemente auf, angefangen bei einer Minimalform wie „mit/ohne" bis hin zu Abstufungen wie „3/4lang" usw. Um aus den Gattungen und Varianten eine Normalform zu konstruieren, bedarf es der Kombinationsregeln, die angeben, was miteinander kombinierbar ist. Man kann leicht erkennen, daß die so durch Gattungen, Varianten und Kombinationsregeln festgelegte Nomenklatur bereits eine so hohe Komplexität erreicht, daß man sie entweder nur andeutungshaft oder mit Hilfe eines Computers handhaben kann. Damit ist jedoch nur ein Teilgebiet des Systems Mode strukturiert. Eine parallele Bearbeitung des Systems der gesellschaftlichen Situationen und der Rhetorik fehlt noch. Barthes deutet nur an, daß hier die Arbeit noch schwieriger wird.

Eine Eigenart der strukturalistischen Analyse wird aufgrund dieser Erfahrung mit dem System der Mode jedoch überdeutlich: Der stringenten Begründung der Methode korrespondiert eine nur begrenzte Praktikabilität der Analyse, die desto unhandlicher wird, je exakter sie ist. Es ist daher nicht verwunderlich, daß das eigene Gefühl, die Auffassungsgabe, das Vorwissen usw. des Analysators eine beträchtliche Rolle für die Durchführbarkeit der Analyse bzw. Lektüre spielen. Das Arbiträre des Zeichens pflanzt sich fort in eine Relativität der Interpretation. Die strukturalistische Tätigkeit verliert damit den Charakter einer umfassenden Analyse und wird zur die subjektiven Faktoren stärker hervorkehrenden Lektürepraxis, eine Verschiebung, die Barthes in seinem „strukturalistischen Manifest" schon theoretisch vorweggenommen hatte.

Strukturale Lektüre und Code-Analyse
1. Die letzte größere semiologische Untersuchung von R. Barthes, sein Werk „S/Z" aus dem Jahre 1970,[131] läßt gegenüber dem „System der Mode" daher einige Veränderungen erkennen.

Als Gegenstand wählt Barthes nicht eine ganze Textsorte, sondern einen einzelnen literarischen Text, die Balzac-Novelle „Sarrasine". Diese zerlegt er in Leseeinheiten (Lexien bzw. Sequenzen), deren Anfang und Ende nach Handlungseinheiten bestimmt werden. Der Text wird nicht von seinem individuellen Stil her gelesen, sondern als Produkt einer kollektiven Schreibweise („écriture") aufgefaßt.

Barthes lehnt sich in seinem Textverständnis dabei sehr stark an die ursprüngliche Bedeutung des Wortes „Text" an, die auch noch bei dem Wort „Textil" wahrnehmbar ist, und faßt einen Text daher wie ein Gewebe auf, das durch Verknüpfungen bedeutungsfähiger Fäden ein sinnvolles Muster erhält.

Wer das Webmuster kennt, kann damit auch die Bedeutung des Textes erschließen und versteht ihn richtig zu lesen.

Das Mitverfolgen der Textentstehung kann man sich so vorstellen, als ob man den Händen einer Spitzenstickerin beim Herstellen von Valencienner Spitze zusehen würde. Jede angefangene Sequenz (eines Textes) hängt frei in der Luft wie eine vorübergehend ruhende Spindel, die wartet, während die andere daneben in Tätigkeit ist. Wenn sie wieder an der Reihe ist, nimmt die Hand den Faden auf und führt ihn wieder zurück auf den Stickrahmen. In dem Maße, wie das Muster sich herausbildet, wird das Fortschreiten jedes Fadens durch eine Nadel angezeigt, die ihn festhält und nach und nach versetzt wird. Genauso ist es mit den Termen einer Sequenz – sie stellen zunächst besetzte und entsprechend dem Fortschreiten des Textes im Aufbau von Sinnzusammenhängen dann wieder geräumte Positionen dar. Dieser Vorgang hat für den ganzen Text Gültigkeit. Die Menge der Codes ergibt, sobald diese im Gang der Lektüre an der Arbeit sind, ein Geflecht (Text, Gewebe und Geflecht – das ist dasselbe).[132]

Die „strukturale Textsemantik"[133] geht davon aus, daß ein vorliegender Text eine relativ geschlossene, in sich strukturierte Bedeutungstotalität darstellt, die unter Verarbeitung der historisch gewordenen Bedeutung der Elemente des Textrepertoires (Worte, Motive, Formeln, Themen usw.) allen Textelementen eine funktionale Bedeutung zuweist. Geht es darum, den strukturellen Bedeutungsplan eines Textes im einzelnen nachzuzeichnen, so unterscheiden sich die einzelnen strukturalistischen Strömungen jedoch nicht nur bei der Hervorhebung dessen, was in der Struktur des Textes dominant ist, sondern auch bei der Wahl der Bestimmungsstücke seines Aufbaus.

Barthes bevorzugt eine Zerlegung des Textes in Leseeinheiten und beginnt dann mit der Lektüre der einzelnen Sequenzen. Prinzip der Lektüre des Textes ist es, die verschiedenen Bedeutungsstränge oder Sinn/Stimmen des Textes, die Barthes Code nennt, herauszufinden. Barthes Definition der Codes ist eher poetisch als logisch, was in eigentümlichem Kontrast zu ihrer Operationalität steht:

Was hier *Code* genannt wird, ist also keine Liste, kein Paradigma, das es, gleich wie, zu rekonstruieren gälte. Der Code ist eine Perspektive aus Zitaten, eine Luftspiegelung von Strukturen. Von ihm kennt man nur Weggehen und Rückkehr. Die aus ihm hervorgegangenen Einheiten (die in der Inventur auftauchen) sind selber immer wieder Textausgänge, Markierung, Merkpunkt einer virtuellen Abschweifung auf den übrigen Katalog hin... Jeder Code ist eine der Kräfte, die sich des Textes bemächtigen können (von denen der Text das Netzwerk ist), eine der *Stimmen*, aus denen der Text gewebt ist. Längs zu jedem Ausgesagten lassen sich, so scheint es, *off*-Stimmen vernehmen: das sind die Codes: sie, deren Ursprung sich in der perspektivischen Masse des Schon-Geschriebenen „verliert", vernichten, indem sie sich miteinander verflechten, den Ursprung der Äußerung: das Zusammenwirken der Stimmen (der Codes) wird zur Schrift, dem stereographischen Raum, in dem sich fünf Codes, fünf Stimmen kreuzen: *Stimme* der *Empirie* (die Proairesen), *Stimme* der *Person* (die Seme), *Stimme* der *Wissenschaft* (kulturelle Codes), *Stimme* der *Wahrheit* (die Hermeneutismen), *Symbolstimme*.[134]

Barthes stellt damit also fünf Codes als für die vorgeführte Balzac-Lektüre besonders wichtig heraus, was impliziert, daß prinzipiell noch mehr oder andere Codes bei einer Lektüre entdeckt werden können.

Der Code der Handlungen und Verhaltensweisen (ACT) umfaßt das Geschehen, die Einzelhandlungen und Handlungsfolgen, aus denen sich ein erzählender Text zusammensetzt. Der „hermeneutische" Code (HER) betrifft jene Elemente, die die Spannungskurve des Textes ausmachen und die im Leser (durchaus kriminalistische) Spannung wecken, steigern und lösen. Der „kulturelle" Code (REF) betrifft die Rückgriffe des Textes auf einen Horizont des allgemeinen Wissens und der Vorurteile – Verweise, die entweder eigens ausgeführt oder die beim Leser als Allgemeinbildung oder ideologische Fixierung vorausgesetzt werden. Der Code der konnotierten Seme (SEM) umfaßt die Bedeutungseinheiten, die der Text als den Sinn dieser oder jener Situation andeutet, ohne sie direkt zu nennen („Reichtum", „Gefahr", „Weiblichkeit" usw.). Aus den Kombinationen, Verschiebungen und Verstärkungen dieser Bedeutungseinheiten ergibt sich ein Gesamtsinn, eine Thematik. Der Code des symbolischen Feldes (SYM) nennt den einheitlichen Bezugspunkt, der sich in verschiedenen Zusammenhängen des Textes durchhält, und meint ungefähr die Synthese, die die traditionelle Textinterpretation herauszuarbeiten versucht.[135]

2. Wir wollen im folgenden die beiden Typen von Codes näher charakterisieren, die für die Mehrzahl der Texte aus der Klasse der Erzählungen und Diskurse[136] maßgeblich sind: die sequenziellen und die kulturellen Codes.

Die Produktionsweise eines Textes und die sich aus ihr ergebende Struktur läßt sich nach Barthes durch Entschlüsselung der sequenziellen Codes finden, während die Einbettung des Textes in eine bestimmte Situation an den indizierenden bzw. kulturellen Codes erkannt werden kann. Wir verändern damit gleichzeitig die in „S/Z" benutzte Nomenklatur zugunsten der schon früher von Barthes in der strukturalen Erzählanalyse gewählten Ausdrucksweise.[137] Der hermeneutische Code geht dabei teilweise in den strategischen und der Sem-Code in den analytischen über.[138]

Die sequentiellen Codes lassen sich in drei Untergruppen einteilen: den Aktionscode, den analytischen Code und den strategischen Code, deren Wirkungsweise nochmals nach Diskurs (D) und Erzählung (E) zu spezifizieren ist:

a) Der *Aktionscode* erlaubt uns zu sehen, wer die Darsteller sind, was sie tun und welche Aussagen sie machen (die Eltern, die Kinder, die Hexe usw.). Anfang und Ende des Textes sowie Unterabschnitte lassen sich dann dadurch bestimmen, daß man auf die Handlungseinheiten (E) bzw. Aussageeinheiten (D) eines Akteurs, d.h. auf sein Auftreten und Abtreten achtet.

Eine Sequenz hat dann folgende Bestimmungsstücke: eine Ausgangssituation, eine Endsituation und ein Erzähl- bzw. Diskursprogramm, welches die eine in die andere überführt. Es gilt dabei insbesondere auf die Verben zu achten.

b) Der *analytische* Code verweist in einer Erzählung auf die Analyse und die Deutung, welche die Beteiligten dem laufenden Geschehen zukommen lassen. Er teilt dem Leser etwas über das Vorwissen und die situativen Kenntnisse der Akteure mit. Der analytische Code dient im Diskurs dazu, den Standpunkt des Sprechers bzw. Aussagesubjekts herauszuarbeiten. Dabei sind drei Komponenten zu unterscheiden:

(1) die Aussagemodalitäten, durch welche die Relation zwischen Sprecher und Angesprochenem gekennzeichnet wird (z. B. zeigen Imperative an, daß der Angesprochene sich gegenüber dem Sprecher in der Rolle des Befehlsempfängers befindet);

(2) die Textvoraussetzungen, auf die man sich stillschweigend oder in Anspielungen beziehen kann bzw. die man als im Diskurs unbestreitbare, weil vorausliegende Konsensgrundlage benutzen kann (z. B. enthält der Satz „Camus schreibt nicht mehr" die Voraussetzung, daß Camus früher geschrieben hat);

(3) die direkten oder indirekten Zitationen, womit auf das gemeinsame intertextuelle Wissen der Gesprächspartner Bezug genommen wird (z. B. wenn im NT Stellen des AT verwendet werden).

c) Der *strategische* Code kennzeichnet in einer Erzählung die von den Beteiligten auf der Basis der Situationseinschätzung abgeleiteten Handlungsentscheidungen und Handlungsziele. Hinweise auf die Strategie geben nicht nur die Verben, welche ihren Vollzug ausdrücken, sondern auch kleine Redeeinschübe, welche die Handlungsintention beleuchten und Willenserklärungen enthalten.

In einem Diskurs besteht die Strategie aus einer Folge von Sprechakten, mit deren Hilfe die Rezeption der Aussage durch den Angesprochenen modifiziert bzw. womit die Relation Sprecher / Hörer beeinflußt werden soll. Zu achten ist also besonders auf Sprechakte der Art wie „behaupten", „bitten", „anordnen" usw.

3. Die indizierenden oder kulturellen Codes geben, nachdem der Bauplan des Textes bekannt ist, darüber Auskunft, wie die einzelnen Themen (d. h. die Wörter und auch größeren Text-Elemente) in ihm verwandt werden, um den Sinn des Ganzen aufzubauen. Hierbei kommt es vor allem auf die seriellen Zusammenhänge zwischen den einzelnen Termen an (z. B. ob sie alle etwas mit Gesundheit, Krankheit, Heilung usw. zu tun haben oder z. B. mit Grundbesitz, Geld, Verträgen usw.).

Jeder kulturelle Code bildet eine unter einem übergeordneten Gesichtspunkt (z. B. Politik) vorgenommene Zusammenfassung bestimmter Serien zu einem Ganzen:

a) Der *topographische* Code gibt nicht nur an, wo die Erzählung sich abspielt oder der Brief (Diskurs) herkommt, sondern er benutzt auch die Nennung von Ortsnamen und Schauplätzen, um unterschiedliche Positionen auf den verschiedenen Textebenen zum Ausdruck zu bringen (so benennen z. B. die Ortsnamen Jerusalem und Samaria nicht nur geographische, sondern immer auch religiöse Unterschiede).

b) Der *chronologische* Code gibt nicht nur bei einer Erzählung den zeitlichen Verlauf der Handlung und bei einem Diskurs das „Jetzt" des Sprechens an, sondern baut auch eine eigene textuelle Zeitlichkeit (z. B. die Rede „vom dritten Tag", Mk 14, 58) auf.

c) Der *soziale* Code bezieht sich auf alles, was die realen Existenzbedingungen der Menschen in einer bestimmten Zeit betrifft. Insofern ist er Teil eines jeden anderen kulturellen Codes. Zur Unterscheidung soll hier daher der soziale Code nur das ökonomisch-politische Moment betreffen (z. B. wenn es darum geht, Ritter und Bauern sozio-ökonomisch zu klassifizieren).

d) Der *symbolische* Code stellt die ideologische Ergänzung zum sozialen Code dar, wenn man der Dreiteilung einer Gesellschaftsformation in die Instanzen Ökonomie, Politik und Ideologie folgt, d. h. er bezieht sich auf die Ebene der Vorstellungen, Normen und Ideen. Man findet ihn am besten im Text, wenn man von charakteristischen Gegensätzen wie Gott/Mensch, Freund/Feind, rein/unrein, Leben/Tod usw. ausgeht. Beim Diskurs ist zusätzlich darauf zu achten, welche gedanklichen Formen zur Erfassung der Wirklichkeit der Sprecher seinen Zuhörern unterbreitet bzw. auf welche außertextlichen Zusatzinformationen er sich besonders stützt.

e) Selbstverständlich kann man noch andere Codes finden, wie z. B. den *mythologischen* Code in den biblischen Texten, der ein bestimmtes weltanschauliches Inventar an Motiven, Ideen und Modellen ins Spiel bringt (Himmel/Erde/Unterwelt; Engel/Menschen/Dämonen usw.).

Will man das Funktionieren der kulturellen Codes präzise erfassen, so wird man gewöhnlich nicht mit der Information des vorliegenden Textausschnittes auskommen, sondern auf ein detailliertes Vorwissen zurückgreifen müssen. Spätestens hier wird daher der Übergang von der rein strukturalen zu einer sozialgeschichtlichen Betrachtungsweise unausweichlich.

Die Dekodierung eines Textes läßt sich mit der Lektüre einer Partitur vergleichen. So wie die Orchesterstimmen auf die einzelnen Takte sind die Codes auf die kleinsten Leseeinheiten verteilt. Die Kombination der jeweiligen Ele-

mente aus verschiedenen Codes ergibt das, was Barthes die „Vielstimmigkeit"
des Textes bzw. seinen „Sinn-Plural" nennt. Die Verknüpfung der Codes wird
nicht durch eine vorgängige Struktur geregelt, sondern durch die Faktizität des
einzelnen Textes und seiner Lektüre festgelegt.

Kritische Würdigung des Ansatzes von R. Barthes

Gegenüber seinen früheren Ansprüchen an eine strukturale Analyse[139]
steckt Barthes nach „S / Z" also wesentlich zurück. Er bindet die Intelligibilität
des semiologischen Systems nicht länger an die Herstellung eines eindeutigen
Modells durch Reduktion auf eine Taxonomie, sondern begnügt sich mit
einem Auflesen der Codes, deren Einheiten nicht nach strengen Formregeln
und deren Verknüpfbarkeit nicht mehr durch eine begrenzte Zahl von Kombinationsregeln festgelegt sind. Das System im Text offenbart sich als Varia-
tionsbreite und nicht als Ein-Eindeutigkeit. Der Text soll als „Galaxie von
Signifikanten"[140] gelesen werden. Es gibt daher so viele Interpretationen des
Textes, wie er Partituren zuläßt, d. h. so viele wie er Lesarten enthält. Der aktua-
lisierte Sinn des Textes wird damit zum nur momentan konstanten Bild des
lesbaren Textes überhaupt. Die Lektüre zielt auf ein Universum flüchtiger
Strukturen und nagelt davon eine fest. Dieser Vorgang läßt sich als Strukturierung bezeichnen.

Die in der Semiologie von Barthes beobachtbare Wandlung besteht also
darin, daß nunmehr der Strukturierung der Vorzug gegenüber der Struktur
gegeben wird, was in der Literatur häufig als Übergang von einer strukturalen
Analyse zur Textanalyse gekennzeichnet wird.[141]

Die semiologische Analyse hat, unter dem Druck stehend, die Komplexität
auch variabler Konfigurationen erfassen zu müssen, somit selber zur Überwindung des rigiden System-Struktur-Denkens geführt. Damit müßte sich jedoch
auch für den argwöhnischsten Betrachter das Bild des Strukturalismus wesentlich geändert haben. Der Strukturalismus kann nicht länger als eine verfestigte
Weltanschauung angesehen werden, welche den Reichtum und die Vielfalt des
Lebens auf ein Korpus elementarer Strukturen und Transformationsregeln zu
reduzieren trachtet. Erst recht kann er nicht länger als Statthalter einer
geschichtsblinden und antihumanen Apotheose der Strukturen verkannt werden, wie dies auch bei so kritischen Autoren wie J. Habermas und A. Schmidt
leider durchgehend der Fall ist. Vielmehr bietet der Strukturalismus heute den
Anblick einer mit immer neuen Schwierigkeiten erfinderisch kämpfenden
Methode. Daß damit auch die Chancen für ein produktives Gespräch mit der
hermeneutischen Philosophie, wenn diese sich nicht bloß in ablehnender Hal-

tung versteift, wachsen, haben die Versuche von P. Ricoeur gezeigt, in denen er die Einheit von Ereignis und Struktur – wenn auch zugunsten eines fundierenden Charakters des Ereignisses gegenüber der Struktur – im Rahmen konkreter linguistischer Fragestellungen aufzuzeigen versuchte.[142]

KAPITEL IV

Strukturalistische Semiotik und kritische Semiologie (U. Eco, A.J. Greimas, J. Kristeva)

Semiotik oder Semiologie? Terminologische Vorklärungen

Wenn wir hier U. Eco, A.J. Greimas und J. Kristeva[143] dem Strukturalismus zuordnen, so darf nicht der falsche Eindruck entstehen, daß die genannten Autoren mit Lévi-Strauss und Barthes eine wissenschaftstheoretische „Partei" mit Namen „Strukturalismus" bilden würden. Da jedoch das von Barthes vorgeschlagene Minimalkriterium zur Erkennung einer strukturalistischen Einstellung,[144] nämlich der Gebrauch der typischen Kategorienpaare Synchronie / Diachronie, Signifikant / Signifikat, Paradigma / Syntagma und das Vorkommen der beiden typischen Operationen Zerlegung und Arrangement für die genannten Autoren zutrifft, wollen wir sie als Strukturalisten einstufen.

Gegenüber Lévi-Strauss und Barthes konzentrieren Eco und Greimas ihr Augenmerk stärker auf die Entwicklung einer strukturalistischen Semiotik, während Kristeva ihren Ansatz eher als kritische Semiologie bezeichnet sehen möchte. Anders als bei Ch. S. Peirce und Ch. W. Morris,[145] wo die Semiotik doch bewußt oder unbewußt in die Rolle einer Einheitswissenschaft gedrängt wird, und anders als die im Rahmen von Mathematik, Informatik und technologischer Ästhetik entwickelte semiotische Theorie der Gruppe um M. Bense,[146] lehnt J. Kristeva Semiotik als technisch-empirische Wissenschaft (der Information und Kommunikation) ab und faßt sie stattdessen als selbstkritischen und wissenschaftskritischen Diskurs auf, der seine eigene historische und gesellschaftliche Bedingtheit mitzureflektieren sucht.[147] Terminologisch signalisiert sie ihren Standortwechsel gegenüber der traditionellen Semiotik, indem sie der Bezeichnung „Semiologie" gegenüber „Semiotik" den Vorzug gibt, womit allerdings nur nach einer Seite Klarheit geschaffen ist, denn auch dieser Terminus, der seit de Saussure in Gebrauch ist, wird nicht immer einheitlich benutzt.[148]

Auch bei Eco und Greimas zeichnet sich gegenüber Morris und Peirce eine deutliche Veränderung in Ansatz, Vorgehensweise und Forschungsinteresse ab. Nicht nur die Gegenstände der semiotischen Untersuchung werden spezieller, sondern auch der Status der Semiotik als Wissenschaft wandelt sich.

Die Semiotik geht der grundsätzlichen Frage nach, auf welche Art eine „gesellschaftliche Episteme" (Greimas) oder eine „Ideologie" (Eco) bestimmte formalisierbare „Tiefenstrukturen" (Greimas) oder „Codes" (Eco) hervorbringt und wie diese die narrative Syntax *fiktionaler oder begrifflicher* Diskurse steuern.[149]

Unter Episteme versteht Greimas[150] jene Struktur, die über die Hierarchisierung der vorhandenen semiotischen Systeme entscheidet und damit die semiotische Praxis des Diskurssubjektes beeinflußt. Während es Greimas in Anlehnung an Jakobson und Lévi-Strauss besonders um den Aufbau einer strukturalen Semantik und dabei um die Wechselwirkung von narrativer und diskursiver Organisation im literarischen Text geht, interessiert sich Eco, der übrigens auffallend enzyklopädisch arbeitet,[151] zum einen für die Erforschung neuer semiotischer Sektoren, zum andern für die Aufklärung der Wechselbeziehungen zwischen Semiotik als Erforschung der Kultur unter dem Gesichtspunkt der Kommunikation und politisch-semiotischer Praxis als Veränderung der Bedingungen von Kommunikation. Ähnlich wie Kristeva macht auch Greimas eine Unterscheidung zwischen „Semiotik" und „Semiologie". In bezug auf die Verwendung des Terminus „Semiotik" macht Greimas den Vorschlag,[152] diesen Terminus für die Wissenschaften vom Ausdruck, hingegen den Terminus „Semiologie" für die Wissenschaften vom Inhalt zu gebrauchen. So werden z. B. die Formalisierungen der Naturwissenschaften als Semiotiken und die der Humanwissenschaften als Semiologien bezeichnet.

Semiotik als allgemeinste Kommunikationswissenschaft bei U. Eco

U. Eco hat zur Semiotik zwei umfassende Studien vorgelegt, eine grundlegende Einführung in die Theorie unter Berücksichtigung neuerer Forschungsgebiete (Architektur, Filmästhetik, Reklame, Comics, politische Propaganda) und eine historisch-systematische Entfaltung des Zeichenbegriffs.[153]

In ständigem Austausch mit dem französischen Strukturalismus, sowie kritisch-rezipierend und anknüpfend an die Informationstheorie und die Semiotik von Peirce und Morris, beschreibt und betreibt Eco die Semiotik als allgemeinste Form einer Wissenschaft von der Kultur als Kommunikation.

In einer ersten Annäherung können wir also sagen, daß die Semiotik alle kulturellen Vorgänge (d. h. wenn handelnde Menschen ins Spiel kommen, die aufgrund gesellschaftlicher Konventionen zueinander in Kontakt treten) als Kommunikationsprozesse untersucht.[154]

Es geht dabei sowohl um die Segmentierung des semiotischen Feldes unter Aufspürung seiner Grenzen (Schwellen der Semiotik sind das tierische Signalverhalten nach unten, die Priorität der Zeichenfunktion gegenüber anderen Funktionen nach oben) als auch um die Herstellung semiotischer Arbeitsinstrumente. Vom Problem der visuellen Codes bis zu den erkenntnistheoretischen Grundlagen der strukturalistischen Semiotik reichen dabei die Prüfsteine für die Fruchtbarkeit dieser allgemeinen Kommunikationswissenschaft. Deren gegenwärtigen Status bestimmt Eco durch den Begriff des semiotischen Feldes, das durch ein heuristisches Modell strukturiert wird. Er wendet sich damit explizit gegen ein Konzept, das die Semiotik als deduktiv-normative Wissenschaft mit einheitlicher Methode und exakt festgelegtem Objektbereich versteht.

Als Leithypothese zur Strukturierung des semiotischen Feldes benutzt Eco, daß alle Kommunikationsprozesse als Sendung von Botschaften auf der Basis von Codes funktionieren. Das zentrale semiotische Arbeitsinstrument von Eco ist daher der Begriff des „Code", korreliert mit den Begriffen „System" und „Botschaft" bzw. „Information". In einer ersten Explikation benutzt Eco den Begriff „Code" allgemein für „jedes System von Symbolen, welches durch vorherige Übereinkunft dazu bestimmt ist, die Information zu repräsentieren und sie zwischen Quelle und Bestimmungspunkt zu übertragen."[155] Daß diese Angabe nur vorläufig orientierenden Charakter haben kann, zeigt die in ihr vorkommende Menge undefinierter Begriffe wie „Symbol", „System" usw. Hingewiesen werden soll mit ihr aber bereits auf den konventionellen, soziokulturellen Charakter der Codes einerseits, sowie auf die Dialektik von Code und Botschaft, welche die von Signifikant und Signifikat abzulösen scheint, andererseits.

Weil Eco jedes komplexe Kulturphänomen als Kommunikationsprozeß erklären will, bedarf es eines möglichst umfassend anwendbaren Kommunikationsmodells. Ähnlich wie Bloomfield[156] orientiert er sich dabei am Sender/Empfänger-Regelkreis als elementarer Struktur von Kommunikation. Wenn am Ende einer so aufzubauenden Kommunikationskette nicht mehr eine Maschine, sondern ein Mensch steht, so kann man nach Eco davon sprechen, daß die übertragenen Signale Bedeutung erhalten. Der menschliche Empfänger ordnet dem Signal mit Hilfe eines Codes einen bestimmten Begriff zu, z. B. dem roten Licht bei einer Verkehrsampel den Begriff „halt". Im Anschluß an Hjelmslev und Barthes faßt auch Eco einen solchen Code als denotativ auf. Vom denotativen Code unterscheidet Eco den konnotativen Code, wobei er allerdings einen sehr weiten Konnotationsbegriff hat. Unter Konnotation versteht Eco „die Gesamtheit aller kulturellen Einheiten ..., die von einer intensionellen Definition des Signifikans ins Spiel gebracht werden können; sie ist daher die Summe aller kulturellen Einheiten, die das Signifikans dem Empfänger institutionell ins Gedächtnis rufen kann."[157] Man könnte also auch sagen, daß die Konnotation die Menge aller in einer Gesellschaft aufgrund eines bestimmten Zeichens denkbaren Assoziationen darstellt. Ebenso wie sein Codebegriff bleibt also auch sein Konnotationsbegriff sehr vage, was sicherlich auf die Absicht zurückzuführen ist, seinen semiotischen Instrumenten einen möglichst umfasssenden Anwendungsbereich zu sichern.

Die zentrale Frage, um die es Eco erkenntnistheoretisch geht, ist, ob die Strukturen (Codes, Zeichensysteme usw.) real existieren oder ob sie nur methodische Hilfskonstruktionen zur Erfassung verschiedener Realitätsbereiche sind. Eco plädiert für die zweite Möglichkeit, die er als einen methodischen Strukturalismus begreift und gegen einen ontologischen Strukturalismus absetzt,[158] der von einer tatsächlichen Existenz der Strukturen sowie der Rückführbarkeit von Oberflächenphänomenen in verschiedenen Bereichen (Mythos, Sprache, Reklame, Riten) auf existente Grundstrukturen ausgeht. Eco lehnt diesen ontologischen Strukturalismus als objektivistisch ab:

> Zusammenfassend läßt sich sagen, daß *Eco* die Semiotik zweckmäßigerweise innerhalb eines kommunikationstheoretischen Rahmens entwickelt, wobei er allerdings die historische Dimension vernachlässigt. Seine Begriffe sind häufig vage, und ein Nachteil des strukturalistischen Vorgehens setzt sich trotz seiner Kritik am Strukturalismus insofern durch, als primär das Zeichen bzw. Zeichenkomplexe und weniger der Gesamtprozeß der Semiose analysiert werden. Allerdings wird bei *Eco* zum ersten Mal der Versuch einer systematischen Theorie der Zeichenproduktion gemacht. Gleichzeitig besteht aber die Gefahr einer idealistischen Zeichenkonzeption, da von den konkreten Gegenständen und Sachverhalten, auf die sich Subjekte nach wie vor beziehen, abstrahiert wird.[159]

Semiologie als strukturale Semantik bei A. J. Greimas

A. J. Greimas hat nicht nur in radikaler Weise die Zuständigkeit der Semantik beim Aufbau einer allgemeinen Tiefengrammatik eingeklagt, sondern auch anknüpfend an verschiedene Traditionen (russischer Formalismus, Prager Schule, Kopenhagener Schule) die taxonomischen, terminologischen und methodisch-analytischen Grundlagen für eine neue semiologische Forschungsrichtung gelegt.

1. Die „Sémantique structurale"[160] kann, obwohl mittlerweile von Greimas mehrere wichtige neue Arbeiten erschienen sind,[161] weiterhin als sein methodologisches Hauptwerk gelten, auf das hier deswegen hauptsächlich Bezug genommen werden soll. Die Rekapitulation seiner Hauptgedanken gestaltet sich insofern schwierig, als das Buch seine Aufgabe, die notwendigen und hinreichenden Elemente der Beschreibung von Sprache als Bedeutungsganzem zur Verfügung zu stellen, im Modus der Konstruktion aufeinanderfolgender terminologischer Gerüste zu bewältigen versucht. Will man den analytischen

Überblick von den oberen Ebenen dieses Gerüstes genießen, kommt man um einen mühevollen Aufstieg nicht herum. Wir werden bis zu den Ebenen der Isotopie der Rede und der aktantiellen Modelle vorzudringen versuchen. Greimas vertritt die Auffassung, daß Sprache nicht ein System von Zeichen ist, „sondern ein Verband von Bedeutungsstrukturen, dessen Ökonomie es präzise zu fassen gilt."[162] Der erste Schritt muß also sein, die elementare Bedeutungsstruktur zu ermitteln. Hierzu geht Greimas von einer einfachen Definition des Begriffes Struktur als Anwesenheit zweier Terme-Objekte und einer Relation zwischen ihnen aus. In dieser elementaren Struktur manifestieren sich sowohl Einheit als auch Verschiedenheit der Terme-Objekte. Diese elementare Struktur läßt sich dann, wenn man die Terme-Objekte mit A und B und den semantischen Inhalt der Relation r mit S bezeichnet, in der Form A/r(S)/B schreiben.

Beispiel: Mädchen/r (Geschlecht)/Junge. In dieser elementaren Struktur manifestieren sich sowohl Similarität (Gemeinsamkeit, Ähnlichkeit) als auch Opposition (Gegenüberstellung, Unterschiedlichkeit) der Terme-Objekte.

Von Bedeutung ist das Vorhandensein eines einheitlichen Gesichtspunktes, einer Dimension, innerhalb derer sich die Opposition, die sich in Form von zwei extremen Polen einer gleichen Achse präsentiert, manifestiert.[163]

Diese Gemeinsamkeit der beiden Terme bezeichnet Greimas als „semantische Achse". Im Falle unseres eben gegebenen Beispiels ist es das Geschlecht. Das Term-Objekt A hat die Eigenschaft weiblich (s1), das Term-Objekt B die Eigenschaft männlich (s2). Diese unterscheidenden Inhaltsmerkmale bzw. bedeutungskonstituierenden Elemente wie s1 und s2 nennt Greimas „Seme".

Unsere elementare Struktur können wir daher auch in der Form schreiben: s1/r(S)/s2.

Wie man sieht, kann folglich eine elementare Struktur entweder in der Form der semantischen Achse oder der der Sem-Artikulation erfaßt und beschrieben werden.[164]

Über den sprachlichen Status der verwendeten Symbole ist zu sagen: Während die Terme-Objekte A, B der Objektsprache angehören, in unserem Beispiel Lexeme einer natürlichen Sprache sind, gehören Termini wie „semantische Achse", „Sem", „Struktur" usw. der.deskriptiven Metasprache an. In der Definition der elementaren Struktur dürfen aber nicht beide Ebenen durcheinandergebracht werden. Lexeme sind also aus ihr zu entfernen, so daß wir sie in der Form s1/r(S)/s2 schreiben müssen, wobei S im Unterschied zu den Semen s1 und s2 als Sem-Kategorie bezeichnet wird. Wir können daher sagen, „daß die Struktur der Existenzmodus der Bedeutung ist, und daß dieser durch die Anwesenheit der zwischen zwei Semen artikulierten Relation charakterisiert wird."[165]

Diese terminologischen und analytischen Unterscheidungen lassen erkennen, daß Greimas zwei Ebenen der Bedeutungserfassung unterscheidet: das Universum der Manifestation, dem die Sprechakte (Diskurs) angehören, und das immanente Universum, dem die durch Achsen und Seme beschriebenen Phänomene angehören. Ein Sem wird im „Inneren" zahlreicher Lexeme realisiert, während ein Lexem (Term-Objekt) als spezifische Kombination von Semen aufgefaßt werden kann. Im immanenten Universum lassen sich das Niveau der Seme und das der Klasseme unterscheiden. Neben der Opposition zweier Seme innerhalb der gleichen Kategorie und dem Verhältnis des einzelnen Sem zur Kategorie gibt es auch Beziehungen zwischen Semen verschiedener Kategorien bzw. Semen und einer anderen Kategorie. Greimas nennt solche Beziehungen hypotaxisch. Wir stoßen so auf einen zweiten Typ von Elementen und Achsen: die Klasseme und die klassematischen Kategorien.

Gehen wir mit Greimas von der einfachen Redesequenz aus: „Le chien aboie" oder deutsch „Der Hund bellt." Diese Sequenz verweist einerseits auf die Sem-Opposition, welche [Hund] von [Schakal / Fuchs] usw. abhebt, und die Sem-Opposition, welche [bellt] von [knurrt / beißt] usw. unterscheidet. Sowohl das Lexem [Hund] als auch das Lexem [bellt] verweist auf das sie verkettende Inhaltsmerkmal „Tier". Diese übergeordnete Inhaltsseite, der auf der Ebene der Manifestation die dem Lexem übergeordnete Einheit des Kontextes entspricht, beschreibt Greimas durch den Terminus Klassem (bzw. in anderen Zusammenhängen als kontextuelles Sem).[166] Klasseme bezeichnen also die in einem Text wiederkehrenden Sem-Einheiten. Sie fungieren ausschließlich im syntagmatischen Rahmen als Elemente, die mindestens in zwei unterschiedlichen Lexeminhalten vorkommen und diese durch Iterativität verknüpfen.

Nennt man die Gesamtheit der im Lexem [bellt] vorkommenden Seme (wie z. B. „Laut geben" usw.) den Sem-Kern N_{s1}, und bezeichnet man das zugehörige Klassem „Tier" mit C_s, so läßt sich durch Kombination des Sem-Kerns und des Klassems ein Bedeutungseffekt erzielen. Dieser Bedeutungseffekt wird als Semem bezeichnet: Semem $S_m = N_{s1} + C_s$.[167]

In unserem Beispiel wird somit dem Lexem [bellt] das Semem „tierisches Schreien" zugeordnet. Ebenso läßt sich das Lexem [Hund] in einen Kern N_{s2} und ein Klassem zerlegen. Fassen wir die wesentlichen Eigenschaften eines Hundes, die ihn zoologisch zu unterscheiden erlauben, als Sem-Kern zusammen und behalten „Tier" als Klassem bei, so erhalten wir ein neues Semem $N_{s2} + C_s$, wodurch der Hund auch sprachlich als ein von anderen Tieren unterscheidbares Tier gekennzeichnet wird. Beide Sememe verbindet also das Klassem C_s. Diese Wiederkehr (Iterativität) des Klassems läßt sich durch die folgende Formel für den Bedeutungsgehalt der Text-Sequenz „Der Hund bellt" darstellen: $S_q = (N_{s2} + N_{s1}) C_s$.[168]

Auch für die Klasseme gibt es nach Greimas wiederum eine übergeordnete Kategorie. Für die Klasseme „Tier" und „Mensch" läßt sich z. B. die klassematische Kategorie „Lebewesen" bilden. Die durch ihre Iterativität definierten Klasseme erweisen ihre Nützlichkeit bei der Verdeutlichung dessen, was mit Bedeutungsganzheit einer Nachricht oder einer Lexie gemeint ist.

Wir sind jetzt in der Lage zu sagen, daß eine beliebige Nachricht oder Redesequenz nur dann als isotop angesehen werden kann, wenn sie als Bestandteil eines oder mehrere Klasseme hat. Mehr noch, indem wir den engen Rahmen der *Nachricht* überschreiten, wollen wir dank dieses Begriffes der *Isotopie* versuchen zu zeigen, wie vollständige Texte auf homogenen semantischen Ebenen situiert sind, wie das globale Signifikat eines Bedeutungsganzen… als eine strukturelle Realität der sprachlichen Manifestation interpretiert werden kann.[169]

Der Terminus Isotopie, der an die Kernchemie erinnert, bezeichnet auf der Achse des Syntagmas die Iterativität mehrerer Klasseme und auf der Achse des Paradigmas bei invariabel gehaltenem Kontext das Vorkommen mehrerer gleicher Klasseme in den Einheiten des Paradigmas. Die in einem Text dominante Isotopie wird von Greimas „Klassem-Basis" genannt. Lexeme mit gleicher Klassem-Basis bilden eine Isotopieklasse.

Nimmt man z. B. zu dem hier verwendeten Satz „Der Hund bellt" noch den Satz „Die Katze miaut" hinzu, so ist „Tiergeschrei" die Klassem-Basis, und die ganze Reihe „Hund", „Katze", „bellen", „miauen" bildet eine Isotopieklasse.

F. Rastier hat im Anschluß an Greimas unter Erweiterung der Definition von Isotopie eine weitergehende Systematisierung der Isotopien zu entwikkeln versucht,[170] wobei er generell zwischen Ausdrucksisotopien und Inhaltsisotopien unterscheidet. Aus der Gruppe der Inhaltsisotopien kommt den horizontalen Isotopien eine besondere Bedeutung zu, denn eine horizontale Isotopie stellt nach Rastier eine Lesart des Textes dar und eröffnet so einen Zugang zur thematischen Struktur des Textes. Damit ist ein Instrument geschaffen, um zwischen der Monosemie und Polysemie von Texten zu unterscheiden. Wenn in einem Text mehrere horizontale Isotopien miteinander verflochten sind, sind mehrere Lesarten des Textes möglich. Dies gilt insbesondere für literarische Texte und erklärt, warum ihre Auslegung meistens zu Interpretationskonflikten führt.

2. Um in diesen Konflikten eine auf Argumentation und nicht auf Macht gegründete Entscheidungsstrategie anbieten zu können, hat Greimas daher versucht, ein generelles Modell zur Beschreibung des Textverlaufs zu entwikkeln.

Sein Textverständnis geht davon aus, daß Texte syntagmatische Realisationen bzw. Manifestationen eines darunter liegenden semantischen Universums darstellen. Der Text entfaltet an der Oberfläche in seinem Verlauf Möglichkeiten, die in diesem Bedeutungsuniversum angelegt sind. Greimas mußte also einerseits ein syntagmatisches Modell finden und andererseits die Struktur des Bedeutungsuniversums erklären.

Das syntagmatische Beschreibungsmodell entwickelt Greimas im Anschluß an die von V. J. Propp[171] bei der Analyse russischer Volksmärchen gewonnenen Erkenntnisse. Von dieser Gattung ausgehend versucht er, durch Verallgemeinerung der speziellen Funktionen in einem Märchen ein generell für narrative Texte zutreffendes Beschreibungsmodell zu finden. Einen bedeutsamen Schritt vorwärts auf diesem Weg stellt die Ausarbeitung des sechsgliedrigen Aktantenmodells[172] dar.

Hinter diesem Modell steht die wiederum auf die Ergebnisse der Märchenforschung gestützte Hypothese, daß der Text ein Rollenspiel entfaltet, das als ein Netz von Relationen, Funktionen und Aktionen zwischen den im Text auftretenden Akteuren angelegt ist. Die Akteure werden in aktantielle Kategorien, die Aktanten, eingeteilt, wofür es bereits in der klassischen Kasuslehre vorbereitende Hinweise zu entdecken gibt.[173] Die Struktur des Aktantenmodells wird durch folgendes Schema repräsentiert:

Sender (Adressant)	→	Objekt	→	Empfänger (Adressat)
		↑		
Helfer (Adjuvant)	→	Subjekt	←	Gegner (Opponent)

Dieses Schema verbindet die sechs wesentlichen Aktanten eines narrativen Textes durch drei verschiedene Achsen: die Begehrensachse zwischen Subjekt und Objekt; die Konfliktachse zwischen Helfer, Subjekt und Gegner; sowie die Kommunikationsachse zwischen Sender, Objekt und Empfänger.

Der operationale Wert dieses Schemas wurde nicht nur von Greimas selber und in der linguistischen Erzählforschung, sondern auch in der Theologie[174] erfolgreich unter Beweis gestellt. Trotzdem bevorzugt Greimas mittlerweile ein neues Modell,[175] das auf der Grundannahme aufbaut, daß erzählende Texte aus einer Abfolge von Zuständen und Transformationen bestehen.

Das Verknüpfungsmuster dieser Abfolge versucht Greimas durch einen Rückgriff auf die logischen Junktoren[176] zu erfassen, wobei alle möglichen

Aktionszustände als Konjunktion oder Disjunktion zwischen einem Subjekt und einem Objekt begriffen werden. Die Transformation besteht dann in der Umwandlung dieses Verhältnisses: Aus einer Konjunktion kann eine Disjunktion und umgekehrt werden. Mit dieser Erhellung des Charakters einer Transformation wird ein neuer Aktant sichtbar: das Operator-Subjekt. Zwischen Zustandssubjekt und Operator-Subjekt kann Personaleinheit auftreten, aber nur unter der Bedingung, daß dann dasselbe Individuum in zwei verschiedenen Aktanten-Rollen spielt.

In auffallender Ähnlichkeit mit der Terminologie der Sprechakttheorie[177] nennt Greimas die geleistete Transformation Performanz und die entsprechende Qualifikation des Operator-Subjekts Kompetenz (einschl. Können und Wissen). Wie fruchtbar die Verwendung der Junktorenlogik ist, läßt sich z. B. daran erkennen, daß die Erwerbung dieser Kompetenz als Übergang von einer Disjunktion zu einer Konjunktion beschrieben werden kann. Das Operator-Subjekt muß jedoch die performative Handlung auch tun wollen. Es genügt also nicht das Können. Die Phase der Erzählung, wo das Wollen eingeübt wird, heißt Manipulation. Mir scheint, daß es vorteilhafter gewesen wäre, von Motivierung zu sprechen, denn es geht um das Verstehen der möglichen und ausschlaggebenden Beweggründe, dieses oder jenes zu tun (aus Pflichtbewußtsein, Lustgewinn oder Verstandesgründen usw.). Es geht allerdings darum, daß das Operator-Subjekt von einem höheren Auftraggeber (Destinator) zu der Durchführung der entsprechenden Handlung bewegt werden muß. Um diese Durchführung zu sichern, wird zwischen Destinator und Operator-Subjekt ein Vertrag (Kontrakt) geschlossen. Nicht ohne Grund mündet die Erzählung daher in eine Phase, welche Sanktion heißt. Hier wird das Resultat bewertet und die Belohnung zugeteilt bzw. vorenthalten, wenn das Resultat nicht mit der Vereinbarung übereinstimmt.

Damit gewinnt Greimas folgendes Schema der syntagmatischen Struktur einer Erzählung: Manipulation → Kompetenz → Performanz → Sanktion.

In einem zweiten Schritt muß jedoch die Struktur des semantischen Universums freigelegt werden. Hierbei läßt sich Greimas in auffallender Weise durch die formale Logik des Mittelalters inspirieren,[178] die ein logisches Viereck entwickelt hat, das bei Greimas zum semiotischen Viereck wird. Greimas benutzt dabei die Erkenntnis, daß jedes Sem durch Opposition zu einem anderen Sem (männlich versus weiblich) seine Eigenständigkeit gewinnt. Das Sem A ist also durch Opposition zu einem Sem B definiert, setzt aber logisch dessen Negation non-B voraus. Umgekehrt setzt das Sem B die Negation non-A logisch voraus. Wir erhalten damit folgende Darstellung des semiotischen Vierecks:

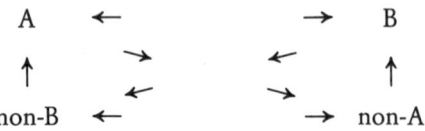

Die vier Terme des Schemas (A, B, non-A, non-B) sind durch folgende Relationen untereinander verbunden:

A und B durch Kontrarität, A und non-A sowie B und non-B durch Kontradiktion, A und non-B sowie B und non-A durch subalterne Implikation, non-B und non-A durch Subkontrarität.

Diese zeitlose Topik des Bedeutungsuniversums wird durch die Handlungslogik des Syntagmas dadurch in Bewegung gebracht, daß der Übergang von A zu B über die Negation von A vermittelt ist (und umgekehrt). Der sequentiellen Transformation des Oberflächen-Textes entspricht also im semantischen Tiefenuniversum ein Durchlauf (Parcours) von A über non-A zu B (und umgekehrt). Die Struktur der Erzählung entsteht also durch Orientierung an diesen logischen Transformationen. Weil Erzählungen in dieser Weise strukturiert sind, entfalten sie nicht nur eine Handlungslogik, sondern ermöglichen wiederum eine strukturierte Wahrnehmung von Wirklichkeit. Dadurch wiederum produzieren sie den entscheidenden Bedeutungseffekt.

Wie sich der hier geschilderte analytische Apparat in der konkreten Textarbeit auswirkt, kann nur anhand von Beispielen demonstriert werden. Der Verweis auf konkrete Analysen möge hier genügen.[179]

Strukturalismus als kritische Semiologie bei J. Kristeva

Bei der Explikation ihrer Auffassung von Semiologie als „Formalisierung, Herstellung von Modellen" und „Axiomatisierung von Bedeutungssystemen"[180] unterstreicht J. Kristeva die Besonderheit der Semiologie gegenüber anderen Wissenschaften durch Hervorhebung des Aspektes der Selbstreflexion als „selbstkritischer Kritik"[181]. Die dabei deutlich und bewußt vorgenommene Anspielung auf die Vorgehensweise von K. Marx beim Aufbau seiner Kritik der politischen Ökonomie gibt zu verstehen, daß auch Semiologie sich nur als gleichzeitige Kritik der Semiologie realisieren kann:

> Was die Semiologie jedoch von den exakten Wissenschaften unterscheidet, ist die Tatsache, daß sie zusätzlich zu der Modellierung aufbaut... Die Semiologie ist durch Theorie konstruiert, insofern die Theorie immer und zu jeder Zeit ihren *Gegenstand* (also die *semiologische Ebene* der zu untersuchenden Praxis) und ihr *Werkzeug* (den Modelltypus, der einer bestimmten, durch Theorie bezeichneten semiologischen Struktur korrespondiert) konstituiert.[182]

Unter semiologischer Ebene versteht Kristeva die Ebene, auf der die Formalisierung des Bedeutungssystems stattfindet, womit die Zäsur in den Bedeutungspraktiken gemeint ist, die durch die Modellierung des Signifikats als Signifikant erzeugt wird. Eine solche Modellierung liegt z.B. auch bei der Schaffung einer neuen Terminologie durch Umstürzung einer alten Terminologie und Neubestimmung ihrer Termini vor. Auch hier kann der Umgang von Marx mit den Begriffen „Arbeit", „Produktion", „Wert" usw. als Vorbild gelten, wodurch Arbeit als klar vom Tauschsystem unterschiedenes semiotisches System begreifbar wird.[183] Ähnliches gilt für die Traumarbeit bei S. Freud, die dem sinnabbildenden Diskurs der rationalen Sprache vorausliegt.

Die ganze Problemsituation, in der die Semiologie heute sich wiederfindet, scheint uns darin zu bestehen: Sie kann entweder fortfahren, die semiotischen Systeme aus der Perspektive der *Kommunikation* zu formalisieren, ... oder aber sie ergreift die Möglichkeit, mitten im Feld der Kommunikationsprobleme... jenen anderen Schauplatz zu eröffnen, auf dem die dem Sinn vorausliegende Sinnproduktion stattfindet.[184]

Hier eröffnet sich mit der von Kristeva in ihrer Alternative genannten zweiten Möglichkeit für die Semiologie ein Weg, in den Bereich des Nicht-Abbildbaren und Nicht-Meßbaren vorzudringen, wodurch der herrschende Diskurs aufgebrochen wird, so daß er sein Objekt und seine Struktur ändern muß.

Die Semiologie kann daher als ein neuer Diskurstyp aufgefaßt werden, der in der Lage ist, die Ideologiehaftigkeit seiner Gegenstände und die Ideologiehaftigkeit seiner eigenen Vorgehensweise zu hinterfragen.

Was seine eigene „parole" angeht, so ist er sich ihres Standortes (ihres Subjekts) und ihrer ideologischen Verwurzelung (ihrer Geschichtlichkeit) bewußt. Zwei (hier konvergierende) Theorien führen zu einer solchen Semiologie: a) der psychoanalytische Diskurs, der unablässig das *Signifikans* umkreist, b) die marxistische Theorie, welche die *Einschnitte (coupures)* der Geschichte denkt und zum Begriff einer *monumentalen* Geschichte (histoire *monumentale*) gelangt.[185]

In einer ihrer letzten großen Arbeiten[186] setzt J. Kristeva ihren semiologischen Ansatz in Überlegungen zum Charakter der poetischen Sprache fort, wobei sie zeigt, daß der poetische Diskurs nicht nur den denotativen Charakter von Sprache/Text infragestellt, sondern einem mimetischen Prinzip gehorcht, das sowohl den Regeln der formalen Logik als auch der Grammatik und dem von ihnen dirigierten begrifflichen Diskurs vorhergeht.

Zentral wird dabei die Konzeption von Text als Praxis. Für Kristeva ist die wesentliche Bestimmung von Texten im Sinne der Althusserschen Praxisdefinition[187] „Arbeit an der Sprache, mit der Sprache, in der Sprache"[188]. Sprachliche Zeichen sind das Rohmaterial der Text-Arbeit als sinngebender Praxis.

Wir bezeichnen als *Sinngebung (signifiance)* jene *Arbeit* der Differenzierung, Schichtung und Gegenüberstellung, die in der Sprache *(langue)* praktiziert wird und die auf der Linie des sprechenden Subjekts eine kommunikative und grammatikalisch strukturierte Signifikantenkette deponiert.[189]

Es ist diese Arbeit der Sinngebung, die der Text als eine außerordentliche Form von Praxis vollzieht, indem er das Material seiner Arbeit in seiner Unendlichkeit und Bedeutungsfülle freilegt. Nach Kristeva sind also Texte nicht bloße Abbilder der Realität, sondern selbst Manifestationen einer Veränderungspraxis und somit ähnlich wie Musik, Tanz und Erotik keine Überbauphänomene.

Jeder „literarische" Text läßt sich als Produktivität begreifen. Und seit dem Ende des 19. Jahrhunderts bietet die Literaturgeschichte Beispiele von Texten, die sich in ihrer Struktur bereits selber als Produktionen verstehen und die sich nicht in Abbildungsfunktionen wollen auflösen lassen (Joyce, Mallarmé, Lautréamont, Roussel) ... Wir könnten hier also den Terminus *Schreibweise* (écriture) übernehmen, um den Text in seinem Produktionsaspekt von „Literatur" und „Sprachvollzug" (parole) abzuheben. Man versteht, warum die gängigen Kontrastformeln „Sprache *oder Schrift*", „gesprochene *oder geschriebene* Sprache" von nun an als oberflächlich oder als Zeichen der Unbelehrbarkeit gelten müssen.[190]

Diese Auffassung läßt sich dadurch untermauern, daß der Ursprung der symbolverwendenden Zeichenpraxis im triebgesteuerten Ausdruckshandeln der Menschen – ein Tatbestand, der noch beim Spracherwerb des Kindes beobachtet werden kann – ernstgenommen und in seinen theoretischen Konsequenzen bedacht wird.

Diese theoretischen Konsequenzen sind besonders folgenreich, was die Rolle des Subjekts angeht. Im Falle des Textes sind die Signifikanten oder das signifikante Material anzusehen als Strukturelemente, die sich um den sinnstiftenden Ort, der „Subjekt" heißt, gruppieren (die sinnbildende Funktion der „Orte" wird von Lévi-Strauss näher erläutert), wobei das Subjekt im Text als signifikantem System verschwindet, nachdem es ihn gebildet hat. Mit dem Sinn, den der Text repräsentiert, zirkuliert im signifikanten Material aber auch die Leerstelle des Subjekts, auf das hin die Signifikanten ihre bedeutungsgebenden Verhältnisse bilden. Daher kann Deleuze sagen:

Der Strukturalismus ist keineswegs ein Denken, welches das Subjekt beseitigt, sondern ein Denken, welches es zerbröckelt und es systematisch verteilt, welches die Identität des Subjektes bestreitet, es auflöst und von Platz zu Platz gehen läßt, ein Subjekt, das immer Nomade bleibt, aus Individuationen besteht, aber aus unpersönlichen, oder aus Besonderheiten, aber aus vorindividuellen.[191]

Diese vorindividuellen Besonderheiten, die jedem symbolischen, signifikanten Akt sowohl zugrundeliegen als auch in seiner Strukturierung auf der Darstellungsebene sich einschreiben, verweisen auf die Triebstruktur, die am Ursprung der Zeichengebung steht, insofern diese einen Zusammenhang zwischen „leeren Signifikanten und psychosomatischen Prozessen"[192] entstehen läßt. Kristeva sieht in dieser Erkenntnis eine Kennzeichnungsmöglichkeit für eine ganze linguistische Forschungsrichtung der Gegenwart, die das Formale der Sprache wieder an eine außerhalb der Sprache liegende Substanz zurückzubinden versucht. Die hierbei zutagetretende Modalität der Sinngebung nennt Kristeva semiotisch, im Unterschied zur symbolischen Modalität, welche sich in einer anderen linguistischen Hauptströmung der Gegenwart äußert, die das Formale stärker durch Momente des semiotischen Prozesses zu ergänzen sucht, die in semantisch und pragmatisch akzentuierten Kategorien beschrieben werden, wobei die modallogischen, präsuppositionellen und interkommunikativen Relationen zwischen Sprechen und Sprechakt als in einer „Tiefenstruktur" verankert erscheinen. Doch gilt, „daß mit den zwei erwähnten Tendenzen auf die *zwei Modalitäten* dessen hingewiesen wird, was in unseren Augen ein und derselbe Prozeß der Sinngebung ist,"[193] Modalitäten, die im gesellschaftlichen Subjekt ihre widersprüchliche Vermittlung finden und zwar so, daß durch das widersprüchliche Verhältnis von Semiotischem (natürlicher Triebökonomie) und Symbolischem (sprachlicher Organisation) das Subjekt erst konstituiert wird.

Hier unterscheidet sich Kristeva wesentlich z. B. von Habermas, der die vorsprachliche Triebökonomie so stark von einem reflektierten Gebrauch kommunikativer Kompetenz absetzt, daß sie gänzlich im irrationalen Bereich verzerrter Kommunikation verschwindet, oder aber zu einer chronologisch abspaltbaren Vorstufe rationaler Symbolverwendung degeneriert.[194]

Damit ist gleichzeitig der Ausgangspunkt für eine methodische Rückbindung des Sprach-Denkens an die zeichenerzeugende Praxis markiert. Durch die in der Zeichenproduktion und nicht erst in der Zeichenbenutzung vollbrachte fundamentale Unterscheidungsleistung zwischen Realität und Symbol/Zeichen wird nicht nur die Unterscheidung von Subjekt und Objekt, Materie und Form, sondern auch das Entstehen der prädikativen Sprachfunktion überhaupt ermöglicht.

Der Text verknüpft – auf ein gängiges Problemschema bezogen – nicht nur ein materielles Substrat mit einem immateriellen (gedanklichen) Gebilde, sondern gleichzeitig auch die phatische Funktion (R. Jakobson) von Sprache als Medium einer noch weithin referenzlosen Kommunikationsaufnahme mit der kognitiven Funktion der Sprache als Medium der Erkenntnis und des Denkens.

Die Praxis „Text" vermittelt, indem sie einerseits individuelle Wirklichkeitserfahrung verarbeitet und andererseits zwischen den Subjekten ein informationstragendes Beziehungsgeflecht herstellt, zwischen Triebstruktur und Gesellschaftsstruktur, zwischen Spannungen im Individuum und gesellschaftlichem Antagonismus. Die Relationen zwischen den bedeutungsvollen Zeichen, aus denen sich der Text aufbaut, sind daher Relationen der wirklichen Welt in einem mehrfachen Sinne: Sie sind sinnlich wahrnehmbare Produkte von sinnerzeugenden Operationen, erfahrungshaltige Ablagerungen gesellschaftlich-geschichtlicher Praxis, die damit für einen erneuten Gebrauch vorrätig sind; sie spiegeln nicht nur Relationen zwischen Subjekten, zwischen Objekten, zwischen Subjekt und Objekt, sondern durch die Texte werden die wirklichen Relationen auch verändert und manchmal erst konstituiert. Texte sind somit ein wegweisender Bestandteil der Strukturierung von Wirklichkeit zu einer begreifbaren Totalität.

Das Zeichen macht die Realität erst mitteilbar. Im Text als Kombination von Zeichen wird die Realität neu zusammengefügt, die vorher unüberschaubar vorhandene Welt wird zur lesbaren, d. h. überschaubaren Text-Welt. Aus dem gestaltlosen Universum des Wahrnehmbaren wird so die strukturierte Totalität des Mitteilbaren. Im Text zeigt sich nicht nur die Lesbarkeit und Verstehbarkeit, sondern auch die Veränderbarkeit der Welt. Diese Produktivität ist aber auch die Basis dafür, daß fremde Welten über Texte angeeignet und durch sie verstanden werden können.

Kurz gesagt: Der Text wird selber zum Ort des sozialen Zusammenhangs und ist nicht nur der verbale/schriftliche Reflex von etwas, was anderswo stattfindet. Texte erweisen sich daher auch als mehrfach determiniert: körperlich, psychisch, ökonomisch, politisch, ideologisch. Dieser Mehrdimensionalität der Determination entspricht aber auch eine Mehrdimensionalität der Funktion. Dies erklärt die Wirksamkeit von Texten auf den unterschiedlichsten Ebenen, nicht zuletzt auch ihre Rolle bei der Reproduktion der Produktionsverhältnisse durch die kulturellen Apparate Familie, Schule, Kirche und Medien.

KAPITEL V

Marxismus und Strukturalismus

Zwei alte Kontrahenten

Rechnet man den russischen Formalismus zu den historischen Wurzeln des heutigen Strukturalismus, so reichen die Kontakte zwischen Marxismus und Strukturalismus schon in dessen Anfänge zurück. Allerdings war die erste Phase ihrer Begegnung fast ausschließlich geprägt von einer Auseinandersetzung mit einer marxistischen Polemik, welche die Vernachlässigung des Verhältnisses zwischen Literatur und Gesellschaft insbesondere bei den Theoretikern des Petersburger Kreises behauptete.[195] Wichtigstes Dokument dieser Polemik ist Leo Trotzkis Schrift „Literatur und Revolution" (1924),[196] in der er neben einer kritischen Würdigung der Verdienste des Formalismus auf dem Gebiet der literaturwissenschaftlichen Techniken nachzuweisen versucht, daß der Formalismus als Philosophie nur ein revisionistischer Neukantianismus sei. Diese Kritik Trotzkis ist bis in heutige, nicht nur marxistisch orientierte Ablehnungen des Strukturalismus hinein wirksam geblieben,[197] wobei sich diese Fehlinterpretation des Formalismus (ähnlich wie das Verkennen des Strukturalismus) auf die einfache Tatsache zurückführen läßt, daß die dort vorgenommene Rollenveränderung des Subjekts, d.h. seine Dezentrierung, als seine Liquidation interpretiert wurde. Es entbehrt nicht einer gewissen Ironie, daß gerade mit Stalins Beiträgen in der Prawda über „Marxismus und Sprachwissenschaft" (1950)[198] der oppositionelle Zug der Diskussion zwischen Marxismus und Strukturalismus zurückgedrängt wurde, womit sich eine Kursänderung abzeichnete, die zur Frage des strukturalen Denkens im Marxismus selber hinführt. Am ausgeprägtesten hat sich diese Frage im französischen Kontext gestellt.

Eine verwirrende Beziehungsvielfalt

Bereits von Lévi-Strauss wird, wie wir gesehen haben, Wert darauf gelegt, daß seine Arbeit in Zielsetzung und Vorgehensweise mit dem Programm von Marx erkennbare Ähnlichkeiten aufweist. Daß dies bei vielen Marxisten nicht auf einhellige Zustimmung stieß, zeigt die Auseinandersetzung mit Sartre. Da weder der Strukturalismus noch der Marxismus monolithische Größen sind, man denke nur an die Differenzen zwischen Lévi-Strauss, Foucault, Barthes einerseits, Sartre, Lefèbvre, Garaudy andererseits, sowie Althusser und Goldmann „beiderseits" der Kampflinie, so muß man mit W. Lepeniés bei der systematischen Analyse der Verhältnisse von Strukturalismus und Marxismus ausgehen von einer

kaleidoskopischen Polemik, aus (der) eine Vielzahl von Konstellationen sich konstruieren läßt. Lefèbvre wirft Goldmann vor, er vertrete einen „genetischen Strukturalismus", der weder genetisch, noch strukturalistisch sei; zusammen opponieren sie gegen den „rationalisme ultra-formaliste" und gegen den Strukturalismus als „néo-philosophisme". Roger Garaudy wiederum, zweifellos eklektizistisch argumentierend, geläutert aus einer Phase des Dogmatismus hervorgegangen und nun Verfechter eines „offenen" und humanistischen Kommunismus, versucht Lévi-Strauss gerecht zu werden und konzentriert seine Polemik gegen Michel Foucault. Foucault seinerseits gilt als Vorbild für Louis Althusser, der – das läßt sich nun erschließen, ohne Althusser gelesen zu haben – einen Marxismus konstruiert, welcher in allem den Auffassungen Garaudys widerspricht und gegen Henri Lefèbvre, der die marxistische „Aufhebung" Hegels proklamiert, jene „coupure" setzt, die Hegel von Marx unwiderruflich trennen soll. Raymond Aron wirft Foucault zu Recht vor, Marx „cavalièrement" behandelt zu haben – und widmet sich selbst jener „Auffaserung" des Marxismus, die seit Sombart zur beliebtesten Methode der Marx-Destruktion geworden ist. Denkt man weiter an Sartre, der gegen Lefèbvre anders opponiert als gegen Lévi-Strauss und, von der Annäherung Garaudys kaum erfreut, seine Einwände gegen Foucault und Althusser doch nicht aufgeben kann, so werden die Schwierigkeiten offenbar, diese Auseinandersetzungen systematisch zu beschreiben.[199]

Angesichts dieser zerklüfteten Diskurs-Landschaft besteht die Gefahr, daß vor lauter Detailpolemik das Ziel unseres ganzen Unternehmens, Marxismus und Strukturalismus auf eine grundlagentheoretische Neubestimmung ihres Verhältnisses hin zu befragen, gänzlich aus dem Blick gerät.

Diesem wissenschaftstheoretischen Interesse entspricht daher auch die im folgenden praktizierte Vorgehensweise: Es kann weder darum gehen, die unbestreitbaren Gegensätze bis zur metaphysischen Unversöhnbarkeit zu steigern, noch formale Ähnlichkeiten zwischen einzelnen Positionen in beiden Diskursregionen als grundsätzliche Konvergenz der Argumentationslinien überzuinterpretieren: Die vorhandenen Berührungspunkte sollen vielmehr produktiv ausgebaut werden. Was dies heißen kann, läßt sich wiederum nicht global, sondern nur regional zeigen. Mir scheint, daß sich hierzu das Werk von L. Althusser anbietet, wobei die terminologische Frage, ob diesem Denken die Etikettierung „strukturaler Marxismus" angeheftet werden kann oder nicht, zweitrangig bleibt, da sie nur nach Kriterien inhaltlicher Argumentation und nicht einfach nach Gesichtspunkten wissenschaftspolitischer Zuschreibung oder Ableugnung vernünftig beantwortet werden kann.[200]

Als paradigmatisch für die inhaltliche Auseinandersetzung sehen wir dabei folgende Diskurssektoren an: a) Lesen und Verstehen von Texten; b) Praxis und Praxisformen; c) die Struktur der Gesellschaftsformation; d) die Rede vom Subjekt.

Strukturalistische Marx-Lektüre und
marxistische Strukturtheorie bei L. Althusser

Althusser und seine Mitarbeiter gehen von der Grundidee aus, daß im Werk von Marx eine theoretische Revolutionierung des Wissens stattgefunden hat, deren praktische Durchführung Marx zwar vorgeführt hat, deren strenge Konzeptualisierung in mancherlei Hinsicht aber noch aussteht.[201] Althusser stellt der marxistischen Reflexion damit die Aufgabe, die Grundlagen des Marxismus unter Einbeziehung neuer kategorialer Schemata theoretisch weiterzuentwickeln. Er selber steuert hierzu den mit strukturalistischen Mitteln unternommenen Versuch einer „symptomatischen" bzw. „symptomorientierten" Marx-Lektüre bei.[202]

Am Anfang seiner Theorie steht daher der Imperativ: Marx lesen!

Die symptomorientierte Marx-Lektüre

Der eben erwähnte, so alltäglich und bescheiden wirkende Imperativ entfaltet erst dann seine programmatischen Züge, wenn man die Eigenart der mit dem Stichwort „Lesen" gemeinten symptomorientierten Lektüre, die sich von der buchstabengetreuen Lektüre absetzt, zur Kenntnis nimmt. In einem ersten herkömmlichen Lektüregang liest man den Text unter der Prämisse direkter Kommunikationsmöglichkeiten: Hier wird der Text als transparent und unmittelbar verständlich unterstellt und das Lesen als das unschuldige Sammeln von Informationen über den originalen Text und als objektiv distanziertes Herauspräparieren seiner Aussageweise begriffen. Diese Form der Lektüre „sieht nicht, daß das gleichzeitige Vorhandensein von Sehen und Nicht-Sehen bei ein und demselben Schriftsteller auf ein Problem hinweist,"[203] übersieht also, daß unter der Oberfläche des sichtbaren Textes noch ein unsichtbarer und in der Oberfläche nur negativ gespiegelter Text liegt. „Um das Unsichtbare und die ,Versehen' sichtbar zu machen, um die Lücken in der Dichte des Textes und die leeren Stellen in seinem Zusammenhang zu identifizieren, bedarf es eines *wissenden*, eines neuen Blickes,"[204] muß der Leser ein neues Terrain, einen neuen Ort in der Geschichte einnehmen, der jedoch unbewußt schon vom alten Text und seiner Problematik mitgeschaffen wurde. Diesen zweiten Lektüregang bezeichnet Althusser in dem Maße als symptomatisch, wie er in einem einzigen Prozeß das Verborgene in dem gelesenen Text enthüllt und es auf einen anderen Text bezieht, der – in notwendiger Abwesenheit – im ersten Text präsent ist. Und genau wie die erste, so setzt auch die zweite Lektüre zwar das Vorhandensein zweier Texte und das Messen des ersten an dem zweiten voraus; der Unterschied zwischen der alten und der neuen Lektüre besteht aber darin, daß sich bei der neuen Lektüre der zweite Text aus den Lücken des ersten herausbildet,[205]

das Lesen damit aber zu einem produktiven und nicht nur rein rezeptiven Vorgang wird. Ziel der symptomorientierten Lektüre ist daher nicht die buchstabengetreue Zuordnung von Text und Verfasser, sondern die Wiedereingliederung des Textes in die Problematik, aus der heraus er funktioniert.

Wie kommt Althusser zu dieser Auffassung des Lesens? Er gewinnt sie durch aufmerksame Beobachtung der Art und Weise, wie Marx die Texte der klassischen Nationalökonomie liest.

Marx zeigt nicht nur, was die politische Ökonomie sieht, sondern auch das diesem Sehen inhärente Versehen, denn er liest die *Symptome* tatsächlich wirksamer Probleme heraus, die die klassische Theorie als solche weder stellen noch lösen kann … Marx kann die Texte der klassischen Ökonomie wahrhaft *lesen*, weil er sie nicht als buchstabengetreu aufnimmt. Er *verarbeitet* sie, indem er sie ihrer einigenden Logik, der theoretischen wie politischen, aussetzt, die allein imstande ist, objektiv zu erklären, was die Texte sagen und verfehlen.[206]

Kurzum, es gibt keine wirklich neutrale oder unschuldige Lektüre, denn jede Lektüre hat eine strategische Bedeutung. Im Zentrum stehen nicht formale Fragen, wie die nach dem richtigen oder falschen Verstehensraster, oder die schulmäßigen Fragen nach den ursprünglichen Quellen und dem eigentlichen Sinn eines Textes, sondern die Gesamtheit der für den Text entscheidenden politischen und theoretischen Probleme.

Die symptomorientierte Lektüre ist ebensowenig neutral wie die buchstabengetreue. Wenn sie die Lücken des Textes füllen, ungestellte Fragen selbst stellen und auf die Verschiebungen in den Antworten hinweisen kann, so nur deshalb, weil sie sich selbst in eine ganz bestimmte Problematik stellt, die *explizit und gerechtfertigt* ist.[207]

Diese Differenz zwischen einer buchstabengetreuen und einer symptomorientierten Lektüre muß natürlich auch bei der Lektüre von Marx selber fruchtbar gemacht werden. Während die buchstabengetreue Marx-Lektüre sich an Kriterien ausrichtet wie: „Was Marx eigentlich sagen wollte", „Die Hauptanliegen von Marx", „Das Wesen des Marxismus", und dabei dem Fetischismus des Buchstabens und der Magie der Namen zum Opfer fällt, sowie Widersprüche und Brüche im Text zu glätten versucht und den theoretischen und politischen Werdegang von Marx mit der Struktur der marxistischen Theorie und Politik verwechselt, forscht die symptomorientierte Marx-Lektüre nach den impliziten, „praktisch" realisierten Problemstellungen des Textes, den im Text wirksamen Definitionen, deckt die symptomorientierte Lektüre Verschiebungen im Text auf, zeigt also konkret, was der Text sagt und was er verfehlt. Zusammenfassend könnte man sagen, daß nur die symptomorientierte Lektüre die von ihr durchgeführten Leseoperationen wirklich beherrscht, analytisch rechtfertigen kann und daher die theoretischen Produktionsbedingungen des Textes evident zu machen versteht.[208]

Diese in der Althusserschule durchgeführte „symptomorientierte Lektüre" der Werke von Marx, besonders von „Das Kapital", hat zum Ziel, die Fundamente jener Revolution der Theorie ausfindig zu machen, auf denen sowohl der Marxsche Bruch mit der traditionellen Philosophie und Ökonomie als auch die Grundlegung einer neuen Wissenschaftlichkeit sich vollziehen. Nicht von ungefähr steht daher am Anfang der symptomatischen Marx-Lektüre das Axiom von einem „epistemologischen Einschnitt" (coupure épistémologique), der nicht nur Marx von seinen philosophischen und ökonomischen Vorläufern (Hegel und Ricardo) abgrenzt, sondern auch sein eigenes Denken zerteilt, d. h. den „reifen" Marx einer strukturalen Theoriebildung im „Kapital" vom „jungen" Marx der humanistisch orientierten Frühschriften trennt.[209]

Über die methodologische Berechtigung dieser Hypothese vom Einschnitt ist an dieser Stelle nicht zu debattieren. Mit Blick auf die Relation Marxismus – Strukturalismus ist vielmehr zu registrieren, daß hier eine unübersehbare Nachbarschaft von Althusser zu Foucault auftaucht, dessen Begriff der „Episteme" (als einer dem „Wissen zugrundeliegenden Organisation, die, über die bestehenden Methoden hinaus, einer Epoche oder einem Register der Wissenschaft gleichsam ihr unbewußtes Gerüst liefert"[210]) neben dem Einfluß Bachelards hier bis in die Terminologie durchschlägt. Foucault gehört für Althusser und Balibar neben Bachelard, Cavaillés und Canguilhem zu jenen „Meistern der Lektüre wissenschaftlicher Werke",[211] in deren Schuld sie stehen, wobei Althusser allerdings schweigend übergeht, daß die von Foucault praktizierte Marx-Lektüre[212] das Verhältnis von Ökonomie und Anthropologie genau umgekehrt polt, wie seine eigene Lektüre dies tut.

Die systemorientierte Lektüre ist also ein Ort, wo Marxismus und Strukturalismus eine produktive Einheit eingehen: „Marx lesen" heißt, die theoretischen Fundamente des Marxismus im Sinne einer strukturalistischen Tätigkeit freizulegen und dabei den Strukturalismus politisch zu praktizieren.

Praxis, Praxisformen und Struktur
Der Einfluß strukturalistischer Denkweisen zeigt sich auch bei Althussers Ausdifferenzierung des traditionellen marxistischen Praxisbegriffs.

Unter *Praxis* verstehen wir im allgemeinen jeden Prozeß der *Veränderung* einer bestimmten gegebenen Grundmaterie in ein bestimmtes *Produkt*, eine Veränderung, die durch eine bestimmte menschliche Arbeit bewirkt wird, indem sie bestimmte („Produktions"-) Mittel benützt. In jeder so verstandenen Praxis ist das *bestimmende* Moment (oder Element) des Prozesses weder die Grundmaterie noch das Produkt, sondern die Praxis im engeren Sinne: das Moment der *Veränderungsarbeit* selbst, das in einer spezifischen Struktur Menschen, Mittel und eine technische Gebrauchsmethode der Mittel verwendet. Diese allgemeine Definition der Praxis schließt die Möglichkeit der Partikularität in sich ein: Es existieren verschiedene, tatsächlich unterschiedliche Praxis-Arten, obwohl sie organisch ein und derselben komplexen Totalität angehören.[213]

Diese allgemeine Definition von Praxis nennt die den in einer Gesellschaftsformation vorkommenden differenten Praxisformen gemeinsamen vier Grundelemente: das Ausgangsmaterial, die Arbeitskraft, die Produktionsmittel und das (End-)Produkt. Die Spezifität einer Praxis-Art liegt dabei weniger in der Natur ihres Ausgangsmaterials als in der Art der Veränderung, die sie diesem zuteil werden läßt.

Althusser definiert im Anschluß daran die gesellschaftliche Praxis als „die komplexe Einheit der in einer bestimmten Gesellschaft existierenden Praxis-Arten."[214]

Der Begriff der gesellschaftlichen Praxis umfaßt also zwei Strukturmomente: a) unterschiedliche Praxisformen bzw. Praktiken, b) die komplexe Einheit derselben.

Im wesentlichen unterscheidet Althusser vier elementare Praxisformen, wobei auffällt, daß kommunikatives Handeln nicht als eine eigenständige elementare Praxisform[215] aufgeführt ist:

1. Die ökonomische Praxis macht durch menschliche Arbeit als methodisch geregelte Anwendung von Produktionsmitteln aus Naturgegenständen gesellschaftliche Gebrauchsgüter.

2. Die politische Praxis gestaltet die gesellschaftlichen Verhältnisse, transformiert sie oder schafft sie in revolutionärer Veränderung von Grund auf neu.

3. Die ideologische Praxis hat das religiöse, politische, juristische und künstlerische Weltverhältnis des Menschen zu ihrem Gegenstand und formt dieses zu einer bestimmten institutionell verkörperten Einheit von wirklichem und imaginärem Bezug zu den realen Existenzbedingungen.

4. Die theoretische Praxis

arbeitet an einer Grundmaterie (Vorstellungen, Begriffe, Tatsachen), die ihr durch andere Praxis-Arten gegeben wird, mögen sie „empirisch", „technisch" oder „ideologisch" sein. In ihrer allgemeinen Form umfaßt die theoretische Praxis nicht nur die *wissenschaftliche* theoretische Praxis, sondern gleichermaßen die vorwissenschaftliche, d. h. „ideologische" theoretische Praxis (da die Formen der „Erkenntnisse" die Vorgeschichte einer Wissenschaft und ihrer „Philosophien" bilden).[216]

Die Abgrenzung zwischen ideologischer und theoretischer Praxisform wird nicht mit allzu großer Schärfe vorgenommen, was darauf zurückzuführen sein dürfte, daß Althusser nicht nur auf den Unterschied von Wissenschaft und Ideologie, sondern auch auf ihre Verbindung als effektive Gegner bzw. Partner auf der Ebene der Produktionsverhältnisse Wert legt, wobei der Philosophie die Aufgabe der Thematisierung sowohl der Grenzlinie als auch des Übergangs zwischen beiden zufällt.

Diese Althussersche Aufgliederung des Praxisbegriffs läßt besonders die spezifische Eigenart der wissenschaftlichen Praxis als erkenntnisproduzierende Praxis erst richtig hervortreten: Sie verarbeitet die als Zeichen gegebenen realen Objekte zum Erkenntnis-Objekt, ihre eigentliche Grundmaterie ist also nicht das reale Objekt, sondern das Zeichen. Die kognitive Aneignung der Wirklichkeit durch die wissenschaftliche Praxis besteht darin, daß die theoretische Praxis den im Rohmaterial der Wahrnehmung vorhandenen Wahrheitsgehalt dadurch zu einer konsistenten Erkenntnis weiterzuverarbeiten vermag, daß sie die Gegebenheitsweise wissenschaftlicher Tatsachen als Zeichenbegriff identifiziert, sie von ideologischen Zusätzen reinigt und so die der Erkenntnis eigene theoretische Kohärenz gewinnt. Althusser nennt das Rohmaterial[217] der theoretischen Praxis „Allgemeinheit I", die begriffliche Arbeit der theoretischen Praxis bildet die „Allgemeinheit II", und deren Erkenntnisprodukt ist die „Allgemeinheit III".[218] Diese Aufteilung bildet eine deutliche Parallele zur Trias: langage – langue – parole: Zwischen Erkenntnismaterie und Erkenntnis schiebt sich eine konzeptuelle Struktur, welche die Formen festlegt, in denen der menschliche Geist die realen Inhalte denkt. Das gleiche gilt aber auch für die menschliche Praxis überhaupt: Zwischen Praxis als anthropologische Konstante und Praxis als manifeste konkrete Handlung schiebt sich die „langue" der gesellschaftlichen Praxis.

Die Struktur der gesellschaftlichen Praxis bildet das dem Individuum unbewußte, obgleich es ständig lenkende Wesen von Natur und Gesellschaft. So wie das Individuum die Sprache nicht jeweils neu erfinden muß, sondern in die Dialektik von langue und parole hineingeboren wird, so verhält es sich auch mit dem Medium gesellschaftliche Praxis: Das Erlernen der „langue" gesellschaftlicher Praxis ist die Bedingung theoretisch-kritischen Umgangs mit den Akten der gesellschaftlichen „parole", den kollektiven und individuellen Lebensäußerungen in der Gesellschaft.[219]

Vor dem Hintergrund dieser theoretischen Grundlegung lassen sich die in der Althusserschen Theorie vorgenommenen, konsequenzreichen Differenzierungen besser einordnen. Dies gilt vor allem auch für die Einschätzung des eigentlichen Stellenwertes der bei Althusser oft benutzten und in der anschließenden Diskussion durch seine Gegner heftig angegriffenen Unterscheidung von Real-Objekt und theoretischem Objekt (= Erkenntnis - Objekt).[220] Ob die Wissenschaft das Wirkliche erkennen kann, ist eine dem idealistischen oder empiristischen Diskurs angehörige Frage.[221] Althusser geht es darum zu klären, welche Gesetze bei der in den Wissenschaften faktisch stattfindenden theoretischen Aneignung der Wirklichkeit am Werke sind.

Den Mechanismus, mit dem im Erkenntnisprozeß der Erkenntniseffekt erzeugt wird, hat Althusser in einer terminologisch äußerst überladenen Textpassage seines Werkes „Das Kapital lesen" zu beschreiben versucht:

> Wir haben gezeigt, daß die Gültigkeit einer wissenschaftlichen Behauptung als Erkenntnis im Rahmen einer bestimmten wissenschaftlichen Praxis durch das Spiel besonderer Formen garantiert wird, die der betreffenden Erkenntnis den Charakter einer („wahren") Erkenntnis verleihen... Die spezifischen Formen, von denen wir gesprochen haben, sind – wie wir sehen – im Diskurs wissenschaftlicher Demonstration am Werke, also in dem Phänomen, das die gedachten Kategorien (Begriffe) einer methodisch festgelegten Ordnung ihres Auftretens und Zurücktretens unterwirft. Daher können wir sagen, daß der Mechanismus, der den Erkenntniseffekt produziert, auf den Mechanismus zurückgeht, der im Diskurs wissenschaftlicher Demonstration das Formenspiel der genannten Ordnung aufrechterhält... Um es in gewohnter Sprache zu sagen: Die Ordnungsformen (Formen der Demonstration im wissenschaftlichen Diskurs) bilden die „Diachronie" einer zugrundeliegenden „Synchronie". ... Die Synchronie repräsentiert die Organisationsstruktur der Begriffe in der Gedankentotalität oder (oder – wie Marx sagt – in der „Synthese"), die Diachronie die Bewegung der begrifflichen Abfolge im geregelten Diskurs wissenschaftlicher Demonstration. Die Ordnungsformen eines demonstrierenden Diskurses sind nichts anderes als die Entwicklung der „Gliederung", der hierarchisierten Verbindung der Begriffe im *System* selbst ... Der zunächst auf der Ebene der Ordnungsformen des wissenschaftlichen Diskurses und dann auf der Ebene eines beliebigen isolierten Begriffs produzierte Erkenntniseffekt ist also möglich unter der Bedingung der Systematik des Systems, der Grundlage aller Begriffe und ihres geordneten Auftretens im wissenschaftlichen Diskurs. Der Erkenntniseffekt vollzieht sich nun ... im „Spiel" (verstanden im mechanischen Sinne), das die Einheit der Trennung zwischen System und Diskurs bildet.[222]

Weil die meisten Kritiker die hier offen zutage tretende, den Strukturalisten und Althusser gemeinsame Ausrichtung am Formalkalkül der Mathematik als Erkenntnisideal verkennen, kommt es zum Verdacht eines „Immanentismus theoretischer Praxis."[223] Es geht jedoch bei Althusser, ebensowenig wie im „Kapital" von Marx, nicht um Konstruktion a priori, sondern um Produktion im Sinne der Weiterverarbeitung eines gegebenen Materials. Wissenschaftliche Praxis verwandelt das Ganze der Welt in ein „Gedankenganzes".[224] Die Existenzweise des theoretischen Objekts unterscheidet sich daher grundlegend von der des Real-Objekts, denn das theoretische Objekt ist das Produkt der wissenschaftlichen Abstraktion und der theoretischen Sprache. In diesem abstrakten Charakter liegt die Schwierigkeit, die Ordnung des Realen und die theoretische Ordnung zu vergleichen, denn es gibt keine unmittelbare Ähnlichkeit zwischen beiden, was Idealismus und Empirismus beim Aufbau ihrer Verifikationsprinzipien übersehen. Der Erkenntnisprozeß hat seine Wahrheitskriterien in der Form seiner Produktion schon bei sich und bedarf daher keiner Kriterien von außen. Das bedeutet aber nicht, daß die Wissenschaften sich auf reine Theorien beschränken und den Kontakt mit der Wirklichkeit aufgekündigt haben. Das Wirkliche (Natur, Geschichte, Gesellschaft) bleibt sowohl Ausgangs- als auch Endpunkt der verschiedenen wissenschaftlichen Aktivitäten, denn es geht nicht um die transzendentale Reflexion von Erkenntnis als solcher, sondern um Erkenntnis des realen Objekts durch Konstruktion des theoretischen Objekts.

Marx hat die gleiche Problematik in den Vor- und Nachworten zum „Kapital" als Dialektik von „Historischem und Logischem", von „Forschungsweise und Darstellungsweise" behandelt:

> Allerdings muß sich die Darstellungsweise formell von der Forschungsweise unterscheiden. Die Forschung hat den Stoff sich im Detail anzueignen, seine verschiednen Entwicklungsformen zu analysieren und deren innres Band aufzuspüren. Erst nachdem diese Arbeit vollbracht, kann die wirkliche Bewegung entsprechend dargestellt werden. Gelingt dies und spiegelt sich nun das Leben des Stoffs ideell wider, so mag es aussehn, als habe man es mit einer Konstruktion a priori zu tun.
>
> Meine dialektische Methode ist der Grundlage nach von der Hegelschen nicht nur verschieden, sondern ihr direktes Gegenteil. Für Hegel ist der Denkprozeß, den er sogar unter dem Namen Idee in ein selbständiges Subjekt verwandelt, der Demiurg des Wirklichen, das nur seine äußere Erscheinung bildet. Bei mir ist umgekehrt das Ideelle nichts andres als das im Menschenkopf umgesetzte und übersetzte Materielle.[225]

Die Unterscheidung von Forschungs- und Darstellungsweise, von historischer und logischer Ordnung spiegelt sich im Werk von Marx in der Differenz von „Grundrissen" und „Kapital" wider, die damit jedoch nicht auseinandergerissen werden, sondern gerade die Einheit in der Verschiedenheit und den „Aufstieg vom Abstrakten zum Konkreten"[226] belegen. Die formal-analytische und wissenschaftstheoretische Problematik der dialektischen Methode von Marx als Synthese von Logik und Geschichte kann hier nicht weiter verfolgt werden.[227] Der Hinweis auf die Wissenschaftslogik bei Marx sollte nur die Problematik benennen, in deren Rahmen die Überlegungen Althussers operieren.

Wir können demnach das Schema der theoretischen Praxis folgendermaßen neu fassen: Der Grundstoff einer Wissenschaft ist ein *Gedankenabstraktum,* auf das die Wissenschaft eine „Methode" anwendet, um ein *Gedankenkonkretum* hervorzubringen. In Marxens Beispiel[228] ist „Bevölkerung" ein Gedankenabstraktum, wenn die Theorie die Vielfalt der demographischen Elemente definiert hat, die gemäß dem Entwicklungsstadium der Wissenschaft (technische Ressourcen, theoretische Konsolidierung, usw.) dieses Objekt integrieren helfen.

„Bevölkerung" ist ein Gedankenkonkretum, wenn die Theorie die Organisiation dieser Elemente definiert hat, d. h. wenn die Bevölkerung" als „Gedankentotalität" konstituiert und dann fähig ist, über ihre demographischen, ökonomischen und anderen Elemente Auskunft zu geben.

Eine Wissenschaft betreiben heißt, jene Veränderungsarbeit leisten, die von einem Gedankenabstraktum mit einer *genau bestimmten Vielfalt* von Elementen hin zu einem Gedankenkonkretum mit der *genau bestimmten Einheit* dieser Vielfalt verläuft. „Das Konkrete ist konkret, weil es die Zusammenfassung vieler Bestimmungen ist" (Marx). Eine theoretische Sprache produziert Erkenntnis, wenn es ihr gelingt, ein Gedankenkonkretum zu produzieren.[229]

Nach dieser Explikation der Überlegungen Althussers lohnt es sich, kurz den Kontrast zwischen der in diesem Punkt von E. P. Thompson gegen Althusser vorgebrachten Kritik und dem „Original" sichtbar werden zu lassen. Wir lassen hier am besten zunächst Thompson selbst zu Wort kommen:

Althussers Thesen zum Verhältnis von „realer Welt" und „Erkenntnis" sind für mich unverständlich, und deshalb kann ich mich auch gar nicht auf eine Diskussion über sie einlassen.

Immerhin habe ich mich bemüht, sie zu verstehen. Im ganzen Werk „Für Marx" geht es um die Beantwortung der Frage, wie jenes „Rohmaterial" aus der realen Welt in das Laboratorium der theoretischen Praxis gelangt (um dort gemäß den Allgemeinheiten I, II und III verarbeitet zu werden). Doch die Gelegenheit zur Klärung vergeht ungenutzt. Wir greifen dann nach dem Buch „Das Kapital lesen" und vernehmen mit Spannung, daß jetzt endlich eine Antwort gegeben werden soll. Stattdessen wird uns ein Anti-Climax angeboten. ... Aber schließlich, nach 50 Seiten, kommen wir zu welchem Ergebnis?

„Daher können wir sagen, daß der Mechanismus, der den Erkenntniseffekt produziert, auf den Mechanismus zurückgeht, der im Diskurs wissenschaftlicher Demonstration das Formenspiel der genannten Ordnung aufrechterhält." Sechsundzwanzig Worte. Und dann Schweigen. Wenn ich diese Worte richtig verstanden habe, dann finde ich sie beschämend. Denn unsere Ausdauer wird einzig mit einer Neuformulierung der Ausgangsfrage belohnt. Erkenntniseffekte kommen also in der Form von „Rohmaterial" an (Allgemeinheiten I, die schon kulturelle Artefakte sind, d. h. ideologisch mehr oder weniger verunreinigt), ganz so wie es „der wissenschaftliche Diskurs der Beweisführung" verlangt. Ich will meinen Einwand erläutern. ... Erstens richtet er sich dagegen, daß Althusser das jeweilige Wort (oder das „Rohmaterial" oder den „Erkenntnis-Effekt") viel zu kurz befragt. Es existiert allein zu dem Zweck, von der theoretischen Praxis (Allgemeinheit II) zu einem strukturellen Begriff oder einer konkreten Erkenntnis (Allgemeinheit III) aufgearbeitet zu werden. ...

Zweitens scheint dies Rohmaterial nur in Form von diskreten geistigen Vorgängen in den Verarbeitungsprozeß einzugehen („Tatsachen", idées reçus, landläufige Begriffe). Und zugleich präsentiert sich dieses Rohmaterial mit Diskretion. ... Wenn wir aber die Einzelerscheinung zum Zweck einer besonderen Untersuchung herausgreifen, dann steht sie nicht brav da wie ein Tisch bei der Befragung, sondern sie bewegt sich, im Medium der Zeit, vor unseren Augen. Diese Bewegungen, diese Vorgänge scheinen, sofern sie sich in der Sphäre „gesellschaftlichen Seins" abspielen, oft das existierende gesellschaftliche Bewußtsein zu beeinflussen, in es einzudringen und mit ihm zusammenzustoßen. Sie werfen neue Probleme auf und lassen vor allem neue Erfahrung entstehen – eine Kategorie, die in all ihrer

Unvollkommenheit unentbehrlich für den Historiker ist, da sie die rationalen und emotio-
nalen Reaktionen von Individuen wie von sozialen Gruppen auf eine Vielzahl miteinander
verknüpfter Ereignisse oder Wiederholungen ähnlich gearteter Ereignisse faßt. ... Erfahrung
tritt also nicht so folgsam auf, wie Althusser behauptet. Man hat den Eindruck, daß hier eine
äußerst eigenartige Vorstellung von Erkenntnis vorliegt. Er präsentiert uns weniger eine
Erkenntnislogik, die die tatsächlichen Bestimmungsgründe von Bewußtsein berücksichtigt,
als eine Beschreibung bestimmter akademischer Prozeduren. ...
    Wir wollen zusammenfassen. Althussers Erkenntnislogik ruht auf einer Anzahl theoreti-
scher Verfahrensweisen, die in jedem Punkt nicht nur aus akademischen intellektuellen Disziplinen, sondern aus einer einzigen (und höchstens drei) hochspezialisierten Disziplinen
abgeleitet sind. Diese Disziplin ist natürlich seine eigene: die Philosophie; aber die einer
bestimmten cartesianischen Tradition logischer Exegese, die an ihrem Ursprung geprägt ist
von den Zwängen der katholischen Theologie, die durch den Monismus Spinozas (dessen
Einfluß Althussers ganzes Werk durchzieht), modifiziert wurde und schließlich von dem
spezifischen Pariser Dialog zwischen Phänomenologie, Existenzialismus und Marxismus
geprägt wurde. So sind die Verfahrensweisen, aus denen sich seine Erkenntnislogik hergelei-
tet hat, nicht die der „Philosophie" im allgemeinen, sondern die eines bestimmten Moments
ihrer Präsenz.[230]

Was ist von dieser Attacke zu halten? Thompsons an Vorwürfen und bissi-
ger Kritik reicher Versuch einer Abrechnung mit Althusser als einem von jeg-
licher Erfahrung im Stich gelassenen, blanken Theoretizisten kann bestenfalls
als Musterstück interdisziplinärer Polemik (Thompson attackiert als Historiker den „Schreibtisch-Philosophen" Althusser) und als weiterer Beleg für den
breiten Graben zwischen „common sense" und „clarté cartésienne" angesehen
werden, stellt aber keineswegs jene konstruktive Widerlegung Althussers dar,
welche seine bürgerlichen und auch marxistischen Kritiker schon seit langem
tapfer herbeizureden versuchen. Thompsons Vorgehensweise ist dafür zu
stark getragen von – im strengen Sinne – bildhaften Verdächtigungen[231] und
aggressiven Wortspielen. Seine Beweisführungen dienen oft mehr der Vor-
bereitung der nächsten Pointe als einer inhaltlichen Kritik Althussers. Auch
für Thompson gilt, daß Althusser selber immer noch mehr zur Erhellung der
Theorie-Praxis-Problematik und des Verhältnisses von Erkenntnis und
Erkenntnisgegenstand beiträgt als seine Gegner. Zudem scheint nicht die Verknüpfung von Marxismus und Strukturalismus im Werke Althussers, sondern
die Geschichtsfeindlichkeit der englischen Althusser-Schüler Hindess und
Hirst[232] das tiefere Ärgernis für Thompson zu bilden.

Die Struktur der Gesellschaftsformation
und der Begriff der strukturellen Kausalität
    Der eigentliche, über die Behandlung der wichtigen Zwischenfrage, wie sich
Erkenntnis-Objekt und Erkenntnisweise zueinander verhalten, hinausführen-

de Schritt einer konsequenten Handhabung der strukturalen Vorgehensweise besteht jedoch darin, die für das epistemologische Diskursniveau festgestellte Homologie zur langue-parole-Relation für das Niveau der gesellschaftlichen Totalität im allgemeinen fruchtbar zu machen. Dieser Schritt, den wir im vorangehenden Abschnitt bereits angekündigt hatten, umfaßt zwei wichtige Momente: a) aus der Struktur der gesellschaftlichen Praxis wird die homologe Struktur der Gesellschaftsformation im ganzen erschlossen; b) mit Hilfe der Analogie zur langue-parole-Relation läßt sich die Rolle der Individuen in den gesellschaftlichen Instanzen als durch die gesellschaftliche Praxis konstituierte Subjekte beschreiben. Behandeln wir zunächst den ersten Punkt.

Wir haben gesehen, daß ein umfassender Praxisbegriff im Zentrum der Althusserschen Überlegungen steht. Die Aufteilung der gesellschaftlichen Praxis in drei bzw. vier Praxis-Arten hat Folgen für die Beschreibung der Gesellschaftsformation als gesellschaftlicher Totalität. Nach Althusser und Balibar läßt sich eine Gesellschaftsformation als Einheit der drei gesellschaftlichen Instanzen Ökonomie, Politik und Ideologie begreifen und analysieren. Jede dieser drei Instanzen ist als strukturierte Ganzheit von Praktiken zu denken. Dabei hat jede Instanz eine relative Autonomie gegenüber den andern und umfaßt in sich Regionen mit unterschiedlicher Komplexität. Die Verhältnisse zwischen den einzelnen Instanzen sind jedoch nicht als Gleichgewicht, sondern als ungleichgewichtige Entwicklung von Widersprüchen und als „Struktur mit Dominante" zu beschreiben, d. h. eine der drei Instanzen spielt eine dominierende Rolle.[233]

Das Theorieproblem, das Althusser damit stellt, ist das der Wirkung einer Struktur auf das, was sie strukturiert bzw. das Problem der Definition der Wirkung in einer strukturierten Totalität. Wenn feststeht, daß die gesellschaftliche Totalität mehrere Instanzen umfaßt, unter denen ein hierarchisches Verhältnis besteht, wenn ebenso klar ist, daß jedes Verhältnis einer Instanz zu einer anderen eine Existenzbedingung für alle übrigen bildet (so daß auch den Nebenwidersprüchen die Rolle einer notwendigen Bedingung für den Hauptwiderspruch zukommt), und wenn schließlich feststeht, daß keine Instanz und kein Widerspruch sich unabhängig von all diesen Existenzbedingungen entwickeln kann, also determinierend und determiniert zugleich ist, was Althusser „Überdeterminierung" nennt,[234] dann wird das mühsam bisher erschlossene Terrain wiederum von neuen Fragen förmlich überschwemmt:

Mit welchem Begriff läßt sich der neue Determinationstypus denken, den wir als die Determinierung der Phänomene eines Bereichs durch dessen Struktur gefaßt haben? Allgemeiner: Mit welchem Begriff oder Begriffssystem lassen sich die Determination der Elemente einer Struktur, die strukturellen Beziehungen zwischen diesen Elementen und alle Auswirkungen dieser Beziehungen als das Wirken der

Struktur denken? Schließlich: Mit welchem Begriff oder Begriffssystem läßt sich die Determination einer untergeordneten durch eine dominierende Struktur denken? Anders gesagt: Wie ist der Begriff der strukturellen Kausalität zu definieren?[235]

Die klassische Philosophie vor Marx hielt im wesentlichen zwei Modelle bereit, um das Problem der Wirkung zu denken: einmal das von Galilei und Descartes ausgearbeitete Modell einer „linearen, transitiven Kausalität", zum anderen das von Leibniz vorbereitete und von Hegel ausformulierte Modell der *„expressiven Kausalität eines seinen Erscheinungsformen immanenten einheitlichen inneren Wesens."*[236] Obwohl das zweite Modell ermöglichen sollte, die Wirkung des Ganzen auf seine Elemente zu veranschaulichen und denkbar zu machen, versagt dieses Modell, wenn das Ganze als Struktur aufgefaßt wird und damit die Art und Weise der Präsenz einer Struktur in ihren Wirkungen zu kennzeichnen ist. Genau dieses Problem aber mußte Marx lösen, weil für ihn die ökonomischen Phänomene nicht mehr eine transitiv kausale „Fläche", sondern einen „Raum" mit komplexer Tiefenstruktur bilden, der dadurch zustande kommt, daß in jeder Gesellschaftsformation eine bestimmte Produktion dominiert,[237] wodurch sich die Determination untergeordneter Produktionsstrukturen durch eine dominierende Produktionsstruktur ergibt. In dieser Erkenntnis sieht Althusser übrigens die große von Marx vollzogene „theoretische Umwälzung".

Gegenüber der auf der Wesen/Erscheinung- und Innen/Außen-Dichotomie beruhenden klassischen Auffassung des Objekts der Ökonomie ist also zu betonen:

Die Struktur ist kein den ökonomischen Phänomenen äußerliches Wesen, das deren Aspekte, Formen und Beziehungen modifizierte und wie eine abwesende Ursache auf sie einwirkte – *abwesend, weil den Phänomenen äußerlich. Die Abwesenheit der Ursache in der „metonymen Kausalität"*[238] *der Struktur in bezug auf ihre Elemente ist nicht das Resultat der Exteriorität der Struktur hinsichtlich der ökonomischen Phänomene, sondern im Gegenteil die Form, in der die Struktur als Struktur in ihren Wirkungen vorhanden ist.* Das impliziert, daß auch die Wirkungen in bezug auf die Struktur nichts Äußerliches sind, daß sie kein vorher gegebenes Objekt oder Element, kein präexistenter Raum sind, denen die Struktur dann ihre Prägung verleihen würde. Im Gegenteil: Die Struktur ist ihren Wirkungen immanent, sie ist eine ihren Wirkungen immanente Ursache im Sinne Spinozas;[239] *ihre ganze Existenz besteht in ihren Wirkungen,* und außerhalb ihrer Wirkungen ist sie als spezifische Verbindung ihrer Elemente ein Nichts.[240]

Die von Althusser zur Bestimmung des gesuchten „neuen Determinationstypus" beigebrachten Charakterisierungen zeigen, daß die Wirkungsweise der Struktur dialektisch gedacht werden muß, d. h. als Einheit von Anwesenheit und Abwesenheit: a) Die Anwesenheit der Struktur in ihren Wirkungen

ist durch den Zirkel hindurch zu verstehen, der will, daß die Struktur in ihren Wirkungen „existiert" und keine *andere* Existenz hat: eine Kombination von Elementen *exponiert* ihre Struktur, aber ohne daß diese Exponierung ein Hinten oder ein Innen hätte, ohne daß die

Struktur *irgendwo anders* zu suchen wäre als in der Totalität der Elemente, die sie kombiniert.[241]

b) Die Abwesenheit der Struktur als Ursache muß verstanden werden

in dem Sinne, in dem sie *jedes* ihrer Elemente übersteigt,... um es ausgehend von der *Totalität* der Bedingungen, die in ihr ein System bilden, wiederaufzunehmen ... Die Struktur ist in dem Maße in ihren Wirkungen abwesend, in dem sie *von nebenan* kommt, in dem sie in jedem ihrer „Momente" bestimmte Verhältnisse (z. B. die Verhältnisse zwischen Waren) durch bestimmte andere (hier die gesellschaftlichen Produktionsverhältnisse) konstruiert, die nicht unmittelbar darin „sind" und die so lange verschleiert bleiben, wie man das Ganze nicht zusammengesetzt hat.[242]

Althusser kann auf der Basis dieser Konstruktionen auch einen Lösungsvorschlag anbieten dafür, wie das klassische Diktum von F. Engels über die Bestimmung der gesellschaftlichen Verhältnisse durch die Ökonomie „in letzter Instanz"[243] nicht-ökonomistisch zu interpretieren sei:

Wenn in einem System mit Plätzen und Funktionen, in dem die ökonomische Praxis nicht notwendig die beherrschende Stellung einnimmt, die Rollen – und damit die Herrschaft – durch einen Prozeß der Verdichtung sich vertauschen, in dem es nicht einmal nötig ist, daß die Wirkung der Ökonomie am stärksten ist, und wenn man darum nicht weniger behaupten muß, daß letztlich doch die Ökonomie die Determinante ist, muß natürlich alles, was sich im strukturalen Prozeß *exponiert,* auf die Aktion des Ökonomischen (das selbst Struktur ist) *verweisen* als auf die einer *Abwesenheit,* die es von ihrem Platz aus beherrscht, ohne sich zu zeigen (ohne daß, was sich von ihr zeigt, ihre wirkliche Aktion ermißt): präsent im Ganzen, hängt die Struktur selbst von einer Abwesenheit ab, von einer Ursache, die in ihr fehlt.[244]

Wie immer man Althussers Konzeption gegenüberstehen mag, so hat doch seine Behandlung des Problems der strukturellen Kausalität gezeigt, daß Grundfragen einer Wissenschaft von den Strukturen dann besser einer Lösung zugeführt werden können, wenn die sie bearbeitende Theorie nicht nur Strukturalismus allein und nicht nur Marxismus allein zu sein beansprucht, sondern beide miteinander vermittelt.

Die strukturalen Implikationen der Rede vom Subjekt

Die vorgetragenen Konzeptionen und Überlegungen haben subjekttheoretische Konsequenzen, auf die nun einzugehen ist.

Seit der Aufklärung stellt sich die subjekttheoretische Grundfrage nicht mehr in der Form: Was ist der Mensch?, sondern eher in der Form: Welche Rolle spielt das Individuum in der Geschichte?, oder: Ist das Individuum durch die Geschichte determiniert, oder macht es selber die Geschichte?

Für Althusser konstituieren solche Fragen ein Scheinproblem, zu dem es daher keine wissenschaftliche Lösung geben kann, denn dabei konfrontiert man ein empirisch gegebenes Objekt, den Menschen, mit einem theoretisch konstruierten Objekt, der Geschichte, d. h. der begrifflichen Einheit ökonomischer, politischer und ideologischer Ereignisse und Prozesse; man wechselt also die Ebenen, ohne zu klären, ob „Mensch" und „Geschichte" innerhalb des gleichen Diskurses definiert und aufeinander bezogen worden sind. Althusser und Balibar versuchen nun im Rahmen ihrer gemeinsam durchgeführten Marx-Lektüre dem hier angeschnittenen Problem eine strengere wissenschaftliche Formulierung zu geben, als es in den obigen Fragen geschieht, indem sie nach den historischen Existenzformen von Individualität fragen.

Wie Marx durch seine Analyse der Struktur eines weitgehend autonomen Bereichs der Gesellschaft, nämlich der Produktionsweise, gezeigt hat, kommt es darauf an, jenes Verbindungs- bzw. Strukturprinzip zu finden, von dem die zu analysierenden Momente und Beziehungen abhängen. Althusser und Balibar deuten daher die bei Marx herausgearbeitete Abhängigkeit der Individualitätsformen vom Produktionsprozeß (es kommt nicht auf die persönlichen Eigenschaften der Individuen an, sondern darauf, ob sie Träger von Arbeitskraft oder Repräsentanten des Kapitals sind)[245] im streng strukturalistischen Sinn:

In der Theorie erscheinen die Menschen nur als Träger strukturimmanenter Beziehungen, und die Formen ihrer Individualität nur als bestimmte Auswirkungen der Struktur.[246]

Die Beziehungen zwischen den Trägern der Produktion sind Funktionen der Beziehungen zwischen den Elementen der Produktionsweise. Die Menschen werden damit nicht zu bloßen Vollzugsorganen eines sie unterjochenden objektiven Zusammenhangs, zu Marionetten auf der Bühne der Struktur herabgewürdigt, sondern es wird nur eingeschärft, daß sie gezwungen sind, bei der Durchführung ihrer individuellen Handlungen sich der Kombinatorik, die im System der gesellschaftlichen Beziehungen gegeben ist, zu bedienen, so wie sie sich der Grammatik bedienen müssen, um miteinander zu sprechen. Wer würde deswegen den Menschen als unfrei bezeichnen? Wer würde ebensowenig bestreiten, daß die Strukturen der Gesellschaft und der Grammatik geschichtlich geworden und nicht von Ewigkeit her gegeben sind? Oder um es mit einem Gedanken P. Freires zu verdeutlichen: Ein blinder Voluntarismus unterschlägt in Wirklichkeit die Analyse des Konkreten, statt die gesellschaftliche Praxis als Produkt individueller Entscheidung zu begreifen, wie er vorgibt. „Ich bin absolut überzeugt, daß man in der Geschichte das tut, was man tun kann, und nicht das, was man tun möchte."[247]

Im schroffen Gegensatz zu der im Neomarxismus vorherrschenden Tendenz, die Thematisierung der emanzipatorischen Ziele des Marxismus durch eine Erstplazierung des subjektiven Faktors der historischen Entwicklung zu untermauern, hält die Althusser-Schule, gestützt auf die strukturale Theorie bei Marx, den überlieferten Subjektbegriff für ein

ideologisches Phänomen, das von einer wissenschaftlichen Theorie aufgelöst, genauer „dezentriert" werden müsse, und zwar in einem doppelten Sinne: 1. werden die gesellschaftlichen Individuen als Träger von Strukturen aufgefaßt, die nicht aus ihrer Aktivität abzuleiten sind, 2. erscheint das gesellschaftliche Ganze als Kombination verschiedener Strukturen, die in ihrer Beschaffenheit und daher auch hinsichtlich der Funktionen, die jeweils den „Trägern" zukommen, gegenseitig unreduzierbar sind. Der ideologische Schein des Subjekts entsteht demzufolge durch fiktive Verselbständigung einer heteronomen Funktion und unzulässige Homogenisierung ihrer Varianten.[248]

Althusser hat diesen gegen die vom philosophischen Diskurs etablierte Subjektkategorie gerichteten Ideologieverdacht zu einer Kritik des klassischen Humanismus ausgeweitet.[249]

Der Humanismusbegriff verweist auf jene Bewegung zu Beginn der Renaissance, deren Ideal der umfassend gebildete, an den Ideen von Würde, Freiheit und Selbstbestimmung orientierte Mensch war. Die Idee des Humanismus impliziert die Vorstellung einer gezielten Aktivität des Menschen zur Realisierung dieser Ideen. Althussers Menschenbild steht in scharfem Kontrast zu dem vom Humanismus propagierten Bild des seiner selbst bewußten und sein Leben bewußt gestaltenden Menschen. Für Althusser handeln die Menschen durch und über Ideologien statt aus freier Selbstbewußtheit. Die Ideologie wird unbewußt gelebt, sie ist die imaginäre Überdeterminierung der wirklichen Relation des Menschen zu seiner Welt.[250]

Der Humanismus stellt für Althusser jedoch nicht nur eine Ideologie dar, insofern er bürgerlichen Ursprungs ist, sondern auch, wo er sich als sozialistischer Humanismus begreift.

Was den sozialistischen Humanismus betrifft, so kann er sich nicht nur als Kritik der Widersprüche, sondern auch und vor allem als Vollendung der „vornehmsten" Bestrebungen des bürgerlichen Humanismus betrachten. In ihm würde die Menschheit endlich ihren Jahrtausende alten Traum verwirklicht finden, der in den Entwürfen der vergangenen bürgerlichen und christlichen Humanismen dargestellt ist: daß im Menschen und zwischen den Menschen endlich das *Reich des Menschen* beginne.[251]

Ähnlich wie der bürgerlich-liberale bzw. christliche Humanismus schickt sich auch der sozialistische Humanismus an, ein Humanismus der Person zu sein, d.h. er tauscht die Themen eines Klassen-Humanismus (Lenin) gegen neue Themen wie das der individuellen Freiheit, der Würde der Person und der Achtung der Legalität aus. Auch wenn der Humanismus in jedem Fall eine Ideologie konstituiert, so sieht Althusser doch im Begriff des sozialistischen Humanismus ein gewisses theoretisches Ungleichgewicht am Werk, insofern hier zwei Begriffe zusammengefügt worden sind, die gegensätzlichen Bereichen entstammen: Sozialismus ist ein wissenschaftlicher, Humanismus ein ideologischer Begriff.[252] Der theoretische Anti-Humanismus ist daher die unaufgebbare Bedingung dafür, die Anteile der Wissenschaft zu vergrößern, auch wenn die historische Berechtigung des ideologischen Moments nicht bestritten werden kann. Gerade aus der Anerkennung dieser Berechtigung folgt jedoch die Strategie, den Ideologieanteil für die Ziele des Marxismus politisch nutzbar zu machen:

> Eine (eventuelle) marxistische Politik der humanistischen Ideologie, das heißt: eine politische Haltung im Hinblick auf den Humanismus – eine Politik, die entweder die Ablehnung, oder die Kritik, oder die Anwendung, oder die Unterstützung, oder die Entwicklung, oder die humanistische Erneuerung der augenblicklichen Formen der Ideologie im *ethisch-politischen* Bereich sein kann – diese Politik ist also nur unter der absoluten Bedingung möglich, daß sie auf die marxistische Philosophie gegründet ist, deren Voraussetzung der theoretische *Anti-Humanismus* ist.[253]

Der theoretische Anti-Humanismus ist die Negation jenes philosophischen Humanismus, der die Annahme der Existenz eines allgemeinen Wesens des Menschen, das attributiv in den einzelnen Individuen als Handlungszentren zur Darstellung kommt, als Grundlage hat.

Althusser und Balibar sind gegen diesen philosophischen Humanismus der Auffassung, „daß jede relativ autonome Praxis ihre eigenen Formen geschichtlicher Individualität entwickelt", weswegen es in der gesellschaftlichen Totalität „auch verschiedene Formen politischer, ökonomischer, ideologischer Individualität, die nicht von denselben Individuen getragen werden und ihre eigene, relativ autonome Geschichte haben", geben kann; damit stellt sich ihnen aber die Aufgabe, „nicht eine Vielheit von Zentren, sondern die radikale Abwesenheit eines Zentrums überhaupt zu denken."[254]

Diese Aufgabe versucht Althusser zu lösen, indem er die Kategorie „Prozeß ohne Subjekt und Ziel"[255] einführt, die er gewinnt, indem er aus der Hegelschen Auffassung von Geschichte als Prozeß der Selbstentäußerung und Selbstwiederherstellung des Geistes das Moment der Teleologie entfernt, das nach Althusser „bei Hegel letztlich die Stelle des Subjekts einnimmt"[256] und durch das Moment der Relationalität ersetzt. Denn, während Marx die Kategorie des Prozesses noch Hegel verdankt, läßt er bei der Frage nach den Bedingungen des Geschichtsprozesses Hegel endgültig hinter sich und fügt

> an der entscheidenden Stelle den völlig neuen Gedanken hinzu, daß es *einen Prozeß nur unter der Bedingung von Verhältnissen geben könne:* von Produktionsverhältnissen (auf diese beschränkt sich „Das Kapital"), politischen, ideologischen und anderen Verhältnissen.[257]

Althusser leugnet keineswegs die Tatsache,

> daß die menschlichen, d. h. sozialen Individuen in der Geschichte *aktiv* sind – als *Agenten* der verschiedenen gesellschaftlichen Praxen des historischen Prozesses von Produktion und

Reproduktion – das ist Tatsache. Aber betrachtet als *Agenten* sind die menschlichen Individuen nicht „freie" und „konstituierende" Subjekte im philosophischen Sinn dieser Ausdrücke. Sie agieren in und unter der Determinierung der historischen *Existenzformen* der gesellschaftlichen Verhältnisse von Produktion und Reproduktion (Arbeitsprozeß, Teilung und Organisation der Arbeit, Produktions- und Reproduktionsprozeß, Klassenkampf etc.).[258]

Wenn er also von „Prozeß ohne Subjekt und Ziel" spricht, will er keineswegs die Problematik der Subjektivität völlig aus seinem theoretischen Diskurs ausschließen, sondern nur den begrenzten Gültigkeitsbereich idealistischer, philosophischer Traditionen aufzeigen:

Wenn ich die These eines „Prozesses ohne Subjekt ohne Ende/Ziel" vorbringe, dann will ich, einfach aber klar, das folgende damit sagen. Um dialektisch-materialistisch zu sein, muß die marxistische Philosophie mit der idealistischen Kategorie des „Subjekts" als Ursprung, Wesen und Ursache brechen, des „Subjekts", das in seiner *Innerlichkeit verantwortlich* ist für alle Determinierungen des äußeren „Objekts", als dessen inneres „Subjekt" es bezeichnet wird. ... Es geht (darum), herauszufinden, ob die Geschichte in ihren Determinierungsarten unter der idealistischen Kategorie *Subjekt* philosophisch gedacht werden kann. Die Position des dialektischen Materialismus scheint mir klar. Man kann die reale Geschichte (Prozeß von Reproduktion und Revolution gesellschaftlicher Formationen) nicht *begreifen, d. h. denken,* als reduzierbar auf *einen* Ursprung, *ein* Wesen oder *eine* Ursache (sei dies auch der Mensch), die (bzw. der, das) das Subjekt der Geschichte wäre – das Subjekt, jenes „Sein" oder „Wesen", das als *identifizierbar*, d. h. als existent in Form der *Einheit* einer *Innerlichkeit* sowie als (theoretisch und praktisch) *verantwortlich* (die Identität, die Innerlichkeit und die Verantwortlichkeit sind u. a. für jedes Subjekt konstitutiv), also als berechenbar, also als fähig gesetzt wird, über die Gesamtheit der „Phänomene" der Geschichte *Rechenschaft abzulegen.*[259]

Althusser polemisiert somit gegen den Satz, daß die Menschen Subjekte der Geschichte seien. Dagegen stellt er den Satz, daß die konkreten Menschen zwangsläufig als Subjekte (im Plural) *in* der Geschichte agieren, wobei sie dies gar nicht tun können, ohne in die Form des Subjekts zu schlüpfen.

Die „Subjekt-Form" ist in der Tat die Form historischer Existenz jedes Individuums in seiner Eigenschaft als Agent der gesellschaftlichen Praxen: denn die gesellschaftlichen Verhältnisse von Produktion und Reproduktion umfassen zwangsläufig, als *integrierenden* Bestandteil, das, was Lenin „*die* (juristisch-) *ideologischen Gesellschaftsverhältnisse*" nennt, die, damit sie „funktionieren", jedem Agenten-Individuum die *Subjekt*-Form auferlegen. Die Agenten-Individuen agieren also stets in der Form von Subjekten, als Subjekte.[260]

Sich entsetzt zeigen darüber, daß Subjektivität hier als ideologisch notwendiges Moment der gesellschaftlichen Struktur angesehen wird, kann jedoch nur derjenige, der die Eigenart der Althusserschen Ideologiekonzeption mißversteht.[261]

Einer Frage kann sich Althusser allerdings nicht entziehen, auch wenn er sie selber nur sehr verdeckt vorbringt: „Was machen die ‚Subjekt-Agenten' wirklich, was bewirken sie? ... Wie können Produktionsweisen ‚strukturieren', wenn nicht auch durch die Massen (Klassen)?"[262] Im Anschluß an eine Bemerkung von Marx über Napoleon III., dessen Rolle erst durch die vom Klassenkampf in Frankreich geschaffenen Bedingungen ermöglicht wurde,[263] hält Althusser folgende, vielleicht allzu knapp bemessene Antwort bereit: „Die Geschichte hat also, im philosophischen Sinn des Ausdrucks, nicht ein Subjekt, sondern einen *Motor:* den Klassenkampf."[264] Der Klassenkampf kann aber nicht Motor sein ohne die konkreten Menschen und ihre Handlungen.

Nur die Aktivisten im Kampf der Arbeiterklasse haben aus dem „Kapital" Konsequenzen gezogen: sie haben darin die Mechanismen der kapitalistischen Ausbeutung erkannt und sich in Organisationen für den ökonomischen Klassenkampf (Gewerkschaften) und in politischen Organisationen (den sozialistischen, später kommunistischen Parteien) zusammengeschlossen, die eine „Massenlinie" für den Kampf um die Staatsmacht entwickeln, eine „Linie", die auf der „konkreten Analyse der konkreten Situation" (Lenin) beruht und gemäß derer sie kämpfen müssen (wobei diese „Analyse" aufgrund einer korrekten Anwendung der wissenschaftlichen Begriffe von Marx auf die „konkrete Situation" durchgeführt ist).[265]

Daß die Althusserschen Überlegungen nicht eine Liquidierung des Subjekts, sondern eine Intensivierung der Dialektik „Struktur-Subjekt" auf der Ebene struktualer Diskurse bezwecken wollen, dürfte nach all dem klarer geworden sein. Althusser will damit gleichzeitig eine „Demarkationslinie" (Lenin) zwischen der dialektisch-materialistischen Position und den bürgerlichen bzw. kleinbürgerlichen Positionen ziehen, wogegen eigentlich beide Seiten keine Einwände zu erheben haben dürften. Trotzdem hat Althusser Recht behalten mit seiner Vorahnung, daß seine Thesen im Handumdrehen die gegnerische Polemik auf den Plan rufen würden.

Besonders J. P. Sartre mußte seine in Richtung M. Foucault und J. Lacan gegen die strukturalistische These von der Dezentrierung des Subjekts geäußerte Kritik erneut bestätigt sehen. Vergleicht man die globalen Attacken bei anderen Kritikern, so nimmt sich allerdings Sartres Kritik wohltuend differenziert aus:

Ich fechte weder die Existenz der Strukturen an noch die Notwendigkeit, ihren Mechanismus zu analysieren. Aber die Struktur ist für mich nur ein Moment des Praktisch-Trägen. Sie ist das Ergebnis einer Praxis, die deren Akteure übersteigt.[266]

Der Mensch ist deshalb – weil die Strukturen Kondensationen seiner Praxis sind – aber auch fähig, diese Strukturen in einer „totalisierenden Praxis" zu überschreiten. Die Rolle des Philosophen bestimmt Sartre dabei als die desjenigen, „der versucht, dieses Überschreiten zu denken."[267]

Noch klarer ist jedoch das folgende Zugeständnis Sartres:

Das Problem ist nicht, ob das Subjekt „dezentriert" ist oder nicht. In gewissem Sinne ist es immer dezentriert. „Der" Mensch existiert nicht, und Marx hat ihn schon lange vor Foucault oder Lacan verworfen, als er sagte: „Ich sehe keinen Menschen, ich sehe nur Arbeiter, Bürger und Intellektuelle." Wenn man darauf besteht, unter Subjekt eine Art von substantiellem Ich zu verstehen oder eine immer mehr oder weniger gegebene zentrale Kategorie, von der aus sich die Reflexion entwickelt, dann ist das Subjekt schon lange tot… Doch impliziert die anfängliche Dezentrierung, die den Menschen hinter den Strukturen verschwinden läßt, selbst eine Negativität: der Mensch erscheint hinter dieser Negation.[268]

Genau diese negative Gegebenheitsweise des Subjekts wird bei Althusser, Foucault u. a. durch die Analyse der Dominanz der Strukturen markiert und thematisiert. Daß der Subjektbegriff nicht mehr im Mittelpunkt der Theorie steht, heißt noch lange nicht, daß derjenige, der das Subjekt als durch Strukturen determiniert analysiert, seine Existenz als gesellschaftliches Individuum leugnet. Er analysiert diese Existenz nur unter einem funktional-strukturalen Blickwinkel.

Daß sich über die referierten Anfragen hinaus jedoch gerade die deutschen Kritiker[269] – wenn auch nicht nur sie allein[270] – hervortun würden, war beinahe schon vorauszusehen. Von der Subjektphilosophie und Identitätsspekulation des Deutschen Idealismus[271] bis in die verschiedenen Varianten einer kritischen Hermeneutik des späten 20. Jahrhunderts huldigt nämlich deutsche Geistigkeit der Subjektivität, die in reflektiertem Trotz das Ich als letzte Bastion gegen eine feindliche Welt, gegen eine Auflösung der kulturellen Werte, aber auch gegen strukturale Analyse und klassenkämpferische Strategie aufbietet. Obwohl das „Cogito, ergo sum" eine französische Entdeckung ist, haben es die deutschen Denker in der Emphase des Subjekts und seiner Selbstvergewisserung immer weiter zu bringen versucht als ihre oft weltzugewandteren Nachbarn und die Authentizität der inneren Wahrheit zu einem archimedischen Punkt verdichtet, von dem aus der kritisch-reflektierende Hebel der „Infragestellung" zur Bewegung der objektiven Strukturen angesetzt wurde.

Von M. Luther über I. Kant bis zu so unterschiedlichen Denkern wie C. Schmidt und E. Husserl, M. Heidegger und Th. W. Adorno reicht das Vertrauen in die Subjektivität und ihre unerschöpfliche Reichhaltigkeit angesichts der Banalität des Alltäglichen und der Gedankenlosigkeit der Wissenschaften. Angesichts dieses immer wieder auferstehenden Idealismus der Subjektivität braucht man sich über den nicht zum Schweigen zu bringenden Vorwurf gegen den französischen Strukturalismus, in ihm sei das Subjekt endgültig mit einem wissenschaftlichen Begräbnis erster Klasse bestattet worden, nicht zu wundern. Haben die Deutschen doch eine stolze Tradition zu verteidigen und einen „unüberbietbaren" spekulativen Stil: den „Deutschen Idealismus".

1 Zur Einführung seien empfohlen: Kursbuch, hrsg. v. H. M. Enzensberger, Nr. 5, Mai 1966, S. 58-196; J. M. Broekman, Strukturalismus, Freiburg/München 1971; F. Wahl (Hrsg.), Einführung in den Strukturalismus, Frankfurt a. M. 1973; G. Helbig, Geschichte der neueren Sprachwissenschaft, Reinbek b. Hamburg 1974. Meine Darstellung der historischen Etappen des linguistischen Strukturalismus stützt sich neben einem Rückgriff auf den epochalen, traditionsbildenen Aufsatz von M. Bierwisch (in: Kursbuch 5, S. 77-152) vor allem auf die von J. M. Broekman und G. Helbig gelieferten Überblicke, ergänzt durch die Darstellung des phänomenologischen Strukturalismus von Roman Jakobson durch E. Holenstein. Die Lebensgeschichte R. Jakobsons ist verknüpft mit allen klassischen Schulen des Strukturalismus von Moskau bis Paris. Die Werke von Broekman und Helbig ergänzen sich in nützlicher Weise: Während Helbig den russischen Formalismus ausblendet und den französischen Strukturalismus auf Martinet und Greimas reduziert, sind beide bei Broekman ausführlich besprochen, welcher seinerseits die Kopenhagener Schule und den amerikanischen Strukturalismus nicht behandelt, welche wiederum bei Helbig zu Wort kommen. Die Hinweise auf die sehr weitgespannten Auffassungen von Cl. Lévi-Strauss greifen zurück auf eigene Leseerfahrungen insbesondere seiner beiden Werke über „Strukturale Anthropologie" (1967/Bd. I, 1975/Bd. II) sowie über „Das wilde Denken" (1968), ergänzt durch die Überlegungen aus dem vorzüglichen Sammelband von W. Lepenies, H. H. Ritter (Hrsg.), Orte des wilden Denkens. Zur Anthropologie von Claude Lévi-Strauss, Frankfurt a. M. 1970.

2 Mit den verschiedenen Strömungen des französischen Strukturalismus befaßt sich das immer wieder lesenswerte Buch von G. Schiwy, Der französische Strukturalismus. Mode – Methode – Ideologie, Reinbek b. Hamburg 1969.

3 vgl. den Sammelband von F. Wahl (Hrsg.), a. a. O.

4 Einen Überblick über die Strömungen, die vor de Saussure die Situation der Sprachwissenschaft bestimmten (romantische, junggrammatische, psychologische und kulturmorphologische Richtung), bietet G. Helbig, a. a. O., S. 11-32.

5 F. de Saussure, Grundfragen der allgemeinen Sprachwissenschaft, Berlin (Walter de Gruyter) 1931; zit. wird im folgenden nach der im gleichen Verlag 1967 erschienenen zweiten Auflage, wobei die Abkürzung „F. de Saussure, Grundfragen" mit Seitenangaben verwendet wird.

6 M. Bierwisch, Strukturalismus. Geschichte, Probleme und Methoden, in: Kursbuch 5 (1966), S. 80 f.

7 F. de Saussure, Grundfragen, S. 19

8 ebd., S. 19

9 ebd., S. 19

10 So endet denn auch der „Cours de linguistique générale" mit dem viel zitierten Satz: „Die Sprache an und für sich betrachtet ist der einzige wirkliche Gegenstand der Sprachwissenschaft" (ebd., S. 279).

11 Um Mißverständnissen vorzubeugen, halten wir uns im folgenden streng an folgende Sprachregelung: Sprache = langue, parole = Sprechen, langage = menschliche Rede bzw. menschliches Redevermögen.

12 F. de Saussure, Grundfragen, S. 17 f.

13 H. Pelz, Linguistik für Anfänger, Hamburg 1975, S. 59

14 F. de Saussure, Grundfragen, S. 96

15 ebd., S. 106 f.
16 vgl. ebd., S. 76 ff.
17 ebd., S. 136 f.
18 vgl. ebd., S. 127
19 ebd., S. 146
20 Die Werke von G. Helbig und J. M. Broekman, die in Anm. 1 genannt sind, nennen in ihrem Bericht auch die einschlägigen Quellen.
21 G. Helbig, a. a. O., S. 49 zitiert die franz. Fassung: „un système de moyens d'expression appropriés à un but."
22 Die folgende Darstellung referiert R. Jakobson, Linguistics and Poetics, in: T. A. Seboek (ed.), Style in Language, 1960, S. 350-377
23 zit. nach G. Helbig, a. a. O., S. 53
24 Zur Kritik vgl. die bei G. Helbig, a. a. O., S. 58 angegebene Literatur.
25 vgl. V. Brøndal, Essais de linguistique générale, Kopenhagen 1943; L. Hjelmslev, Prolegomena to a Theory of language, Madison 1963 (Org. 1943)
26 F. de Saussure, Grundfragen, S. 146
27 G. Helbig, a. a. O., S. 61
28 ebd., S. 62
29 ebd., S. 63. Heute ist es allgemein üblich, von strukturaler Linguistik zu sprechen und den Ausdruck „strukturell" auf die Textphänomene selber anzuwenden.
30 vgl. E. Sapir, Die Sprache, München ²1972
31 vgl. hierzu die Darstellung von E. Holenstein, Roman Jakobsons phänomenologischer Strukturalismus, Frankfurt a. M. 1975, S. 18 ff.
32 vgl. L. Bloomfield, Language, ²1967, S. 23 ff.
33 G. Helbig, a. a. O., S. 75
34 ebd., S. 77 f.
35 Z. S. Harris, Methods in Structural Linguistics, Chicago 1951
36 vgl. J. Lyons, Einführung in die moderne Linguistik, München 1972, S. 72 ff.
37 G. Helbig, a. a. O., S. 81
38 vgl. H. Krenn, K. Müllner, Distributionalismus, in: H. L. Ludwig, V. Sinemus (Hrsg.), Grundzüge der Literatur- und Sprachwissenschaft, Bd. 2, München 1974, S. 177-187
39 Als grundsätzlicher Hinweis möge hier genügen: N. Chomsky, Aspekte der Syntax-Theorie, Frankfurt a. M. 1970; J. Bechert u. a., Einführung in die generative Transformationsgrammatik, München ²1971
40 Cl. Lévi-Strauss, Strukturale Anthropologie, Frankfurt a. M. 1967, S. 79
41 ebd., S. 35

43 vgl. hierzu den Diskussionsband von W. Lepenies, H. H. Ritter (Hrsg.), a. a. O., wo die Rezeption und Verarbeitung dieser verschiedenen Theoriequellen durch Lévi-Strauss eingehend und kritisch behandelt werden.
44 vgl. Cl. Lévi-Strauss, Traurige Tropen, Köln / Berlin ²1970, S. 360 ff.
45 vgl. Cl. Lévi-Strauss, Das wilde Denken, Frankfurt a. M. 1973, S. 139, 154 f.
46 vgl. z. B. ebd., S. 31 ff., 83 f., 175 ff., 182 ff.
47 Cl. Lévi-Strauss, Strukturale Anthropologie, S. 32; vgl. auch ebd., S. 30, 35, 38 f.
48 ebd., S. 71
49 ebd., S. 71
50 vgl. R. Jakobson, M. Halle, Fundamentals of language, Den Haag 1956, S. 11 ff.

51 Cl. Lévi-Strauss, Strukturale Anthropologie, S. 35
52 Auf diese Problematik hat mich Prof. O. Loretz durch seine Studien zur historischen Semantik des Begriffs „Hebräer" aufmerksam gemacht.
53 Les Structures élémentaires de la parenté, Paris (PUF) 1949; eine dt. Übersetzung des 1. Kapitels dieses Werkes („Natur und Kultur") ist aufgenommen in: W. E. Mühlmann, E. W. Müller (Hrsg.), Kulturanthropologie, Köln / Berlin 1966
54 H. Melenk, Die formalen Systeme des französischen Strukturalismus, in: Phil. Jb. 79. Jg. (1972), 1. Hlbb., S. 142
55 Cl. Lévi-Strauss, Strukturale Anthropologie, S. 74
56 ebd., S. 75
57 So lautet der dt. Titel seines 1962 erschienenen Werks: „Le Totémisme aujourd 'hui".
58 Cl. Lévi-Strauss, Das Ende des Totemismus, Frankfurt a. M. 1965, S. 9
59 ebd., S. 115 f.
60 vgl. ebd., S. 26 ff.
61 vgl. Cl. Lévi-Strauss, Das wilde Denken; die Zeitschrift „Esprit" widmete ihre Novembernummer 1963 dem Thema: „La pensée sauvage et le structuralisme!" Die Diskussion mit Lévi-Strauss, in: Esprit 1973, S. 628-653, ist in dt. Übers. abgedruckt in: Cl. Lévi-Strauss, Mythos und Bedeutung. Gespräche mit Claude Lévi-Strauss, Frankfurt a. M. 1980, S. 71-112
62 Cl. Lévi-Strauss, Das wilde Denken, S. 23, 25
63 ebd., S. 253
64 Cl. Lévi-Strauss, Mythologica, Bd. 1, S. 46
65 vgl. G. Schiwy, a. a. O., Reinbek b. Hamburg 1969, S. 18-21
66 J. P. Sartre antwortet, in: alternative Nr. 54, 10. Jg. (1967), S. 129-133, zit. S. 131
67 vgl. den gleichnamigen Aufsatz von A. Schmidt in dem von ihm herausgegebenen Sammelband: A. Schmidt (Hrsg.), Beiträge zur marxistischen Erkenntnistheorie, Frankfurt a. M. 1969, S. 194-265, den er später in seinem Buch „Geschichte und Struktur" (1971) ergänzt und abgesichert hat.
68 A. Schmidt, ebd., S. 263 f.
69 W. Lepenies, Lévi-Strauss und die strukturalistische Marxlektüre, in: W. Lepenies, H. H. Ritter (Hrsg.), a. a. O., S. 160-224, zit. S. 175
70 P. Ricoeur, Hermeneutik und Strukturalismus, München 1973, S. 106
71 H. Lefèbvre, Au-delà du Structuralisme, Paris 1971, zit. nach W. L. Bühl (Hrsg.), Funktion und Struktur. Soziologie vor der Geschichte, München 1975, S. 305
72 R. Barthes, Die strukturalistische Tätigkeit, in: Kursbuch 5 (1966), S. 190-196, zit. S. 190
73 vgl. R. Bourdon, Strukturalismus – Methode und Kritik, Düsseldorf 1973, S. 15-62
74 J. Piaget, Der Strukturalismus, Olten 1973, S. 8
75 S. F. Nadel, The Theory of Social Structure, London 1962, zit. nach W. L. Bühl (Hrsg.), a. a. O., S. 62
76 L'architecture des mathématiques, in: Les grands courants de la pensée mathématique, Paris 1948, S. 40 f.
77 Gegeben seien zwei algebraische Strukturen A und B, in denen zweistellige innere Verknüpfungen p_A und p_B definiert sind, die sich eindeutig einander zuordnen lassen. Eine Abbildung f von A in (auf) B heißt isomorph, wenn gilt: $f(p_A[a,b]) = p_B(f[a], f[b])$, wobei a, b Elemente aus A und f (a) und f (b) ihre Bilder in B sind; weiterhin muß f umkehrbar eindeutig sein.
78 Die Hauptwerke von M. Serres sind im Literaturverzeichnis aufgeführt.

79 V. Descombes, Das Selbe und das Andere, Frankfurt a. M. 1981, S. 109

80 M. Serres, Hermès III. La traduction, Paris 1974, S. 265

81 vgl. die Überlegungen von B. Djankow, Die heuristische Rolle des strukturellen Herangehens in der wissenschaftlichen Erkenntnis, in: P. Gindev (Hrsg.), Wissenschaft – Philosophie – Ideologie, Berlin / DDR 1973, S. 183-199; R. Bourdon, a. a. O., S. 29-62

82 R. Barthes, Die strukturalistische Tätigkeit, S. 191

83 vgl. R. Barthes, Elemente der Semiologie, Frankfurt a. M. 1979

84 K. Baumgärtner u. a., Funk-Kolleg Sprache, Bd. I., Frankfurt a. M. 1973, S. 18

85 R. Barthes, Elemente, S. 41

86 vgl. H. Pelz, a. a. O., S. 85 ff.; J. Lyons, a. a. O., S. 72 ff.

87 Zum Sprachspielbegriff bei Wittgenstein vgl. K. Füssel, Sprache – Religion – Ideologie, Frankfurt a. M. / Bern 1982 und die dort aufgeführte Literatur

88 U. Eco, Einführung in die Semiotik, München 1972, S. 38

89 vgl. F. de Saussure, Grundfragen, S. 79 ff.

90 vgl. E. Benveniste, Probleme der allgemeinen Sprachwissenschaft, Frankfurt a. M. 1977, S. 61 ff.

91 R. Barthes, Elemente, S. 37

92 ebd., S. 43

93 Vgl. F. Grant Johnson, Referenz und Intersubjektivität, Frankfurt a. M. 1976

94 R. Barthes, Elemente, S. 47

95 ebd., S. 48

96 R. Barthes u. a. sehen „Zerlegen" und „Komponieren" als Haupttätigkeiten der strukturalen Vorgehensweise an; vgl. die Ausführungen in Kap. III.

97 R. Barthes, Elemente, S. 49

98 ebd., S. 52

99 ebd., S. 54 f.

100 ebd., S. 58

101 vgl. H. Lefèbvre, Claude Lévi-Strauss und der neue Eleatismus, zit. bei G. Schiwy, a. a. O., S. 89 ff.

102 R. Barthes, Elemente, S. 59

103 ebd., S. 62 f.

104 Die erste Klasse erfaßt die Oppositionen nach ihrer Beziehung zum ganzen Oppositionssystem und enthält die Teilklassen A_1 = eindimensionale und mehrdimensionale Oppositionen, A_2 = proportionale und isolierte Oppositionen; die zweite Klasse erfaßt die Oppositionen nach der Beziehung zwischen den Oppositionsgliedern: B_1 = privative Oppositionen, B_2 = äquipollente Oppositionen; die dritte Klasse beschreibt die Oppositionen nach ihrer distinktiven Gültigkeit: C_1 = konstante Oppositionen, C_2 = neutralisierbare Oppositionen; vgl. R. Barthes, Elemente, S. 63 ff.

105 F. de Saussure, Grundfragen, S. 151

106 Die folgenden Ausführungen stützen sich auf die Darstellung von R. Barthes, Elemente, S. 75 ff. und U. Eco, Zeichen. Einführung in einen Begriff und seine Geschichte, Frankfurt a. M. 1977, S. 99 ff.

107 K. Füssel, Theorien der Ideologie, Stuttgart 1983

108 vgl. R. Barthes, Mythen des Alltags, Frankfurt a. M. 1964, S. 7

109 vgl. R. Barthes, Pour une psycho-sociologie de l'alimentation contemporaine, in: Annales Nr. 5 (1961), Okt. Nov. Heft, S. 977-986; ders., Le bleu est à la mode cette année, in: Revue française de sociologie I (1960), S. 147-162; ders., Le message photographique, in:

Communications I (1961), S 127-138

110 R. Barthes, Elemente, S. 22
111 vgl. ebd., S. 24 f.
112 ebd., S. 24
113 Man stelle sich einmal die verschiedenen Möglichkeiten vor, die festgelegte Abfolge eines französischen Menüs zu realisieren.
114 R. Barthes, Elemente, S. 36 (verbesserte Übersetzung von K. F.)
115 zit. bei G. Schiwy, Der französische Strukturalismus, S. 22 f.
116 R. Barthes, Sur Racine, S. 11; zit. nach G. Schiwy, a. a. O., S. 66
117 vgl. G. Schiwy, a. a. O., S. 67
118 vgl. R. Barthes, Die strukturalistische Tätigkeit
119 ebd., S. 191
120 ebd., S. 191
121 ebd., S. 195
122 ebd., S. 191
123 ebd., S. 193. Hierbei knüpft Barthes deutlich an die futuristischen und kubistischen Tendenzen des russischen Formalismus an; vgl. J. M. Broekman, Strukturalismus, S. 42 ff., 51 ff.
124 Dieser Hinweis scheint bereits den enigmatisch wirkenden Titel „S/Z" der 1970 von Barthes veröffentlichten Lektüre der Balzac Novelle „Sarrasine" im Visier zu haben.
125 R. Barthes, Die strukturalistische Tätigkeit, S. 193 f.
126 ebd., S. 194
127 ebd., S. 191 f.
128 ebd., S. 195
129 R. Barthes, Système de la Mode, Paris 1967; ich referiere im folgenden die Grundgedanken und Ergebnisse dieses Buches.
130 R. Barthes, zit. bei G. Schiwy, a. a. O., S. 79, ohne genauere Quellenangabe.
131 dt. Ausgabe: R. Barthes, S/Z, Frankfurt a. M. 1976
132 R. Barthes, S/Z, Paris 1970, S. 166 (eigene Übersetzung, K. F.)
133 vgl. A. J. Greimas, Strukturale Semantik, Braunschweig 1971
134 R. Barthes, S/Z, S. 25 f.
135 H. Melenk, a. a. O., S. 152
136 Obwohl die Code-Analyse stark durch den Umgang mit Erzähltexten geprägt ist – dies gilt vor allem für den Handlungscode –, läßt sie sich auch auf die zweite große Hauptklasse von literarischen Texten, die Diskurse, anwenden.
Ein Diskurs ist ein Text, der zwischen einem Ich und einem Du eine Beziehung herstellt und diese bearbeitet (entwickelt, verstärkt, schwächt). Auf der Ebene der linguistischen Merkmale erkennt man den Diskurs an der Gleichzeitigkeit der Verben, der Rolle der Pronomen und Adverben, dem Aufbau der Aussage.
Eine Erzählung dagegen verwischt die Markierungen des Äußerungsvorgangs durch den Autor. Die Ereignisse scheinen sich selber zu erzählen, so daß man nicht genau weiß, wer zu wem spricht. Folglich werden auch die dritte Person und die Zeitform der Vergangenheit als linguistische Merkmale bestimmend. Die durch den Text produzierte Veränderung ist die zwischen den in ihm auftretenden Aktanten bzw. Wirkungsträgern.
Der Begriff „Diskurs" hat – besonders nach seiner Verwendung durch M. Foucault – eine über diese engere linguistische Verwendung hinausführende Verwendung und Bedeutungserweiterung gefunden. Während man traditionellerweise unter „Diskurs" jede

sprachliche Aussageeinheit verstand, die über die Einheit „Satz" hinausging, neigt man heute dazu, jedes gesellschaftliche Feld der Sinnproduktion als Diskurs zu bezeichnen. Im Diskurs wird sowohl der Argumentationszusammenhang einer Weltanschauung – vermittelt über Texte und Verständigungsprozesse – artikuliert als auch eine gewisse Standpunktlogik entfaltet, wodurch normative und appellative Momente mit ins Spiel kommen. „Diskurs" wird dadurch zu einer Kategorie mit äußerst variablen Grenzen. Der Diskurs zielt immer auf Einlösung der in der Rede erhobenen allgemeinen Geltungsansprüche, wobei er sich sowohl situativer als auch strukturaler Elemente bedient. Entsprechend müssen auch im Diskurs die mit seiner Überzeugungsabsicht (bzw. Legitimationsfunktion) verknüpften Voraussetzungen, allgemeinen Prinzipien und evidenten Folgelasten plausibel gemacht und zustimmungsfähig vermittelt werden. Insofern der Diskurs Instrument der herrschenden Lehre ist, ist er auch Teil der offiziellen Ideologie. Er kann dabei in verschiedener Form in das ideologische Gefüge einer Gesellschaft eingebaut sein, dient aber immer der positionellen Verdeutlichung dessen, was nach Maßgabe der Klassenbeziehungen gesagt werden kann bzw. gesagt werden soll. Die Manifestation des Diskurses kann sich daher ebensogut in der Ansprache eines Politikers wie im Vortrag eines Gelehrten oder in der Predigt eines Geistlichen vollziehen.

137 vgl. R. Barthes, Die strukturale Erzählanalyse am Beispiel von Apg 10 - 11, in: X. L. Dufour (Hrsg.), Exegese im Methodenkonflikt, München 1973, S. 117-141
138 Im folgenden entwickeln wir im Anschluß an F. Belo, Das Markusevangelium – materialistisch gelesen, Stuttgart 1980, S. 125 ff., ein modifiziertes Modell des Barthes'schen Code-Inventars.
139 Man vgl. Le degré zéro de l'écriture, Paris ²1970 und Système de la Mode, Paris 1967
140 R. Barthes, S/Z, S. 10
141 vgl. F. Belo, a. a. O., S. 124
142 Man vgl. bes. die beiden Aufsätze „Struktur und Hermeneutik" und „Die Struktur, das Wort und das Ereignis" in dem Sammelband: P. Ricoeur, a. a. O., deren franz. Fassungen 1963 bzw. 1967 in der Zeitschrift „Esprit" erschienen sind.
143 Die Hauptwerke dieser Autoren sind im Literaturverzeichnis aufgeführt.
144 vgl. R. Barthes, Die strukturalistische Tätigkeit, S. 191
145 Die Positionen von Ch. S. Peirce und Ch. W. Morris habe ich ausführlich diskutiert und kommentiert in meinem Buch: Sprache – Religion – Ideologie.
146 Zum Ansatz von Max Bense vgl. man die Darstellung bei G. Bentele, I. Bystrina, Semiotik. Grundlagen und Probleme, Stuttgart / Berlin / Köln / Mainz 1978, S. 26 ff.
147 vgl. J. Kristeva, Semiologie – kritische Wissenschaft und / oder Wissenschaftskritik, und dies., Semiologie als Ideologiewissenschaft, in: P. V. Zima (Hrsg.), Textsemiotik als Ideologiekritik, Frankfurt a. M. 1977, S. 35 ff., S. 65 ff
148 vgl. U. Eco, Einführung in die Semiotik, S. 17; F. Rossi-Landi, Semiotik, Ästhetik und Ideologie, München / Wien 1976, S. 11-14
149 P. V. Zima (Hrsg.), a.a.O., S. 15 (Einl. des Herausgebers)
150 vgl. A. J. Greimas, Du Sens, Paris 1970, S. 152 f.
151 vgl. U. Eco, Einführung in die Semiotik
152 vgl. A.J. Greimas, Du Sens
153 vgl. U. Eco, Einführung in die Semiotik; ders., Zeichen
154 U. Eco, Einführung in die Semiotik, S. 32
155 ebd., S. 19
156 vgl. die Ausführungen zum amerikanischen Deskriptivismus in Kapitel I

157 U. Eco, Einführung in die Semiotik, S. 108
158 vgl. ebd., S. 361 ff.
159 G. Bentele, I. Bystrina, a. a. O., S. 84
160 franz. Ausgabe, Paris (Larousse) 1966; dt. Ausgabe, Braunschweig 1971
161 vgl. das Literaturverzeichnis
162 A. J. Greimas, Strukturale Semantik, Braunschweig 1971, S. 15
163 ebd., S. 15
164 ebd., S. 17
165 ebd., S. 22
166 vgl. ebd., S. 42-45
167 vgl. ebd., S. 38
168 vgl. ebd., S. 45
169 ebd., S. 45 f.
170 vgl. F. Rastier, Systématique des Isotopies, in: A. J. Greimas (Hrsg.), Essais de sémiotique
    poétique, Paris 1972, S. 80-106
171 vgl. V. J. Propp, Morphologie des Märchens, München 1972
172 vgl. A. J. Greimas, Strukturale Semantik, S. 157 ff.
173 vgl. ebd., S. 60-92
174 vgl. die im Literaturverzeichnis aufgeführten Arbeiten von J. Delorme, E. Güttgemanns,
    O. Fuchs und G. Theißen
175 Die neuere Theorie von Greimas ist in dem Gemeinschaftswerk A. J. Greimas, J. Courtès,
    Sémiotique. Dictionnaire raisonné de la théorie du langage, Paris 1979 lexikonartig ent-
    faltet.
176 vgl. P. Hinst, Logische Propädeutik, München 1974
177 vgl. K. Füssel, Sprache – Religion – Ideologie, S. 50 ff.
178 vgl. I. M. Bochénski, Formale Logik, Freiburg / München 1956, S. 244 ff., bes. S. 274
179 Verwiesen sei hier wiederum auf die Arbeiten von J. Delorme, E. Güttgemanns, O. Fuchs
    und G. Theißen.
180 J. Kristeva, Semiologie – kritische Wissenschaft und/oder Wissenschaftskritik, S. 37
181 ebd., S. 38
182 ebd., S. 37 f.
183 vgl. ebd., S. 43 f.
184 ebd., S. 47
185 J. Kristeva, Semiologie als Ideologiewissenschaft, S. 66
186 J. Kristeva, La Révolution du langage poétique, Paris 1974; dt. Fassung: Die Revolution
    der poetischen Sprache, Frankfurt a. M. 1978
187 vgl. das folgende Kapitel über Marxismus und Strukturalismus
188 J. Kristeva, Die Revolution der poetischen Sprache, S. 8
189 ebd., S. 11
190 J. Kristeva, Semiologie – kritische Wissenschaft und / oder Wissenschaftskritik, S. 50 f.
191 zit. bei J. Kristeva, Die Revolution der poetischen Sprache, S. 10
192 ebd., S. 33
193 ebd., S. 35
194 Diese Tendenz findet sich u. a. in seinem Aufsatz „Moralentwicklung und Ich-Identi-
    tät", in: J. Habermas, Zur Rekonstruktion des Historischen Materialismus, Frankfurt a.
    M. 1976, S. 63-91, und setzt sich fort in sein neuestes Werk: Theorie des kommunikati-
    ven Handelns, Frankfurt a. M. 1981, das nicht grundlos den Rationalitätsbegriff an den

Anfang und ins Zentrum stellt.

195 Über diesen Kreis informieren: J. M. Broekman, Strukturalismus; J. Striedter (Hrsg.), Russischer Formalismus, München 1971

196 Die dt. Ausgabe dieser Schrift ist 1968 in Berlin (Gerhardt-Verlag) erschienen.

197 vgl. F. Chatelet, P. Ricoeur, A. Schmidt, J. Derrida, zit. bei W. Lepenies, a. a. O., S. 165, Anm. 10. Lévi-Strauss fühlt sich durch den Vorwurf Ricoeurs, bei seiner Position handele es sich um einen „Kantianismus ohne transzendentales Subjekt", allerdings gar nicht so falsch verstanden. Vgl. Cl. Lévi-Strauss, Mythos und Bedeutung, S. 79

198 J. Stalin, Marxismus und Fragen der Sprachwissenschaft, hrsg. v. H. P. Gente, München 1968

199 W. Lepenies, a. a. O., S. 160 f.

200 Kriterien dieser Art bietet U. Jaeggi, Theoretische Praxis, Frankfurt a. M. 1976 an, der übrigens in diesem Werk seine Position, die er in einem früheren Strukturalismus-Buch (Ordnung und Chaos, Frankfurt a. M. 1968) bezogen hatte, einer kritischen Revision unterzieht.

201 Dies gilt vor allem für das von L. Althusser zusammen mit seinen Schülern E. Balibar, R. Establet, P. Macherey, J. Rancière verfaßte zweibändige Werk: Lire le Capital, Paris (Maspero) 1965. Die zweibändige dt. Ausgabe enthält nur die Texte von Althusser und Balibar: L. Althusser, E. Balibar, Das Kapital lesen, 2 Bde., Reinbek b. Hamburg 1972 (= DKL I + II)

202 vgl. DKL I, S. 12 ff.

203 ebd., S. 20

204 ebd., S. 31

205 ebd., S. 32

206 S. Karsz, Theorie und Politik: Louis Althusser, Frankfurt a. M. / Berlin / Wien 1976, S. 18 f.

207 ebd., S. 25

208 vgl. ebd., S. 20-26

209 Zum Stichwort „Epistemologie" vgl. die im Literaturverzeichnis genannten Werke von G. Bachelard und G. Canguilhem.

210 F. Wahl, Die Philosophie diesseits und jenseits des Strukturalismus, in: ders. (Hrsg.), a. a. O., S. 327

211 DKL I, S. 15, Anm. 1. Zu den Werken der genannten Autoren vgl. man das Literaturverzeichnis.

212 vgl. M. Foucault, Die Ordnung der Dinge, Frankfurt a. M. 1971, S. 310-322

213 L. Althusser, Für Marx, Frankfurt a. M. 1968, S. 104

214 ebd., S. 105

215 Man vgl. den Ansatz von J. Habermas, dessen Dichotomien Arbeit und Interaktion, instrumentelles und kommunikatives Handeln zwar in einer anderen Problematik operieren wie die von Althusser, aber ähnliche Aufgaben zu lösen haben. Habermas liest sich wie eine komplementäre Ergänzung zu Althusser, wenn er im Klappentext seines jüngsten Hauptwerkes „Theorie des kommunikativen Handelns, Bd. I" die gesellschaftlichen Niveaus Ökonomie, Politik und Ideologie in drei Theourieniveaus verwandelt, die den Althusserschen „Allgemeinheiten" sehr ähnlich sind.

216 L. Althusser, Für Marx, S. 105 f.

217 vgl. K. Marx, Das Kapital Bd. I, MEW Bd. 23, S. 193

218 vgl. L. Althusser, Für Marx, S. 125 ff.

219 Mir scheint, daß hier eine bestimmte Analogie zwischen Althusser und Habermas auftaucht, für den die kommunikative Kompetenz die hier der langue zugeschriebene Rolle
spielt; diese Beobachtung ließe sich an Hand des neuen Werkes von Habermas (s. Anm.
194) detaillierter ausarbeiten.
220 vgl. DKL I, passim
221 vgl. S. Karsz, a. a. O., S. 50 ff.
222 DKL I, S. 89-91
223 vgl. H. K. Rheinberger, Die erkenntnistheoretischen Auffassungen Althussers, in: Das
Argument 94 (1975), S. 938 ff.
224 vgl. K. Marx, Grundrisse (1857), S. 22; insbesondere dieses 3. Kapitel der Einleitung zu
den „Grundrissen" hat Althusser zu seiner Unterscheidung von Erkenntnis-Objekt und
Real-Objekt ermutigt, vgl. DKL I, S. 59 ff.
225 K. Marx, Das Kapital Bd. I, S. 27; vgl. auch ebd., S. 11., 25 passim
226 K. Marx, Grundrisse, S. 22
227 Für eine eingehendere Diskussion des hier berührten Problemfeldes wären vor allem
heranzuziehen: E. W. Iljenkow, Die Dialektik des Abstrakten und Konkreten im „Kapital" von Marx, in: A. Schmidt (Hrsg.), a. a. O., S. 87-127; J. Zelény, Die Wissenschaftslogik bei Marx und „Das Kapital", Frankfurt a. M. 1973; K. Holzkamp, Die historische
Methode des wissenschaftlichen Sozialismus, in: Das Argument 84 (1974), S. 1-75 (das
ganze Heft steht unter dem Thema: Zum Verhältnis von Logischem und Historischem);
E. M. Lange, Wertformanalyse, Geldkritik und die Konstruktion des Fetischismus bei
Marx, in: Neue Hefte für Philosophie, Heft 13: Marx' Methodologie (Göttingen 1978), S.
1-44; P. Ruben, Dialektik und Arbeit der Philosophie, Köln 1978
228 vgl. die Überlegungen von Marx, in: Das Kapital Bd. I, S. 26, 648 ff.
229 S. Karsz, a. a. O., S. 60
230 E. P. Thompson, Das Elend der Theorie. Zur Produktion geschichtlicher Erfahrung,
Frankfurt a. M. / New York 1980, S. 44 ff.
231 vgl. seine Zeichnungen, ebd., S. 150 ff.
232 vgl. B. Hindess, P. Q. Hirst, Vorkapitalistische Produktionsweisen, Frankfurt a. M. / Berlin / Wien 1981
233 vgl. L. Althusser, Für Marx, S. 151 ff.
234 Zum Begriff der Überdeterminierung vgl. man seine erste Verwendung bei Sigmund
Freud, Gesammelte Werke Bd. VI (Fischer-Ausgabe), S. 186. J. Lacan hat diesen Terminus
in seiner psychoanalytischen Theoriebildung rezipiert. L. Althusser hat ihn seinerseits
von Lacan übernommen; vgl. DKL II, S. 253
235 DKL II, S. 250 f. (Abweichend von der dt. Übers. hat hier „strukturell" statt „struktural"
zu stehen.)
236 ebd., S. 252
237 vgl. K. Marx, Grundrisse, S. 27
238 Althusser übernimmt diesen Ausdruck von dem Psychoanalytiker J. A. Miller (vgl. DKL
II, S. 254, Anm. 3); die Psychoanalyse knüpft dabei an die rhetorische Figur der Metony-
mie an; vgl. F. Wahl, a. a. O., S. 404
239 Zur Spinozarezeption im franz. Marxismus vgl. die Studie von P. M. Moreau, Marx und
Spinoza, Hamburg 1978
240 DKL II, S. 254
241 F. Wahl, a. a. O., S. 404
242 ebd., S. 405 f.

243 vgl. den Brief von F. Engels an W. Borgius vom 25. Jan. 1894, in: MEW Bd. 39, S. 305 ff.
   sowie früher schon an C. Schmidt vom 27. Oktober 1890, in: MEW Bd. 37, S. 488-495
244 F. Wahl, a. a. O., S. 406 f.
245 vgl. DKL II, S. 234
246 ebd., S. 340
247 P. Freire, Der Lehrer ist Politiker und Künstler, Reinbek b. Hamburg 1981, S. 287
248 J. P. Arnason, Zwischen Natur und Gesellschaft. Studien zu einer kritischen Theorie des
   Subjekts, Frankfurt a. M. 1976, S. 11
249 Entfaltet hat L. Althusser seine Kritik vor allem in seinem im Jahre 1964 geschriebenen
   Artikel „Marxismus und Humanismus" sowie im Zusatz dazu aus dem Jahre 1965
   „Ergänzende Anmerkung über den ‚realen Humanismus'". Beide Artikel sind enthalten
   in: Für Marx, S. 168-202
250 Zu Althussers Ideologiebegriff vgl. die entsprechenden Ausführungen über Althusser
   in: K. Füssel, Theorien der Ideologie
251 L. Althusser, Für Marx, S. 170
252 Zur Unterscheidung von Wissenschaft und Ideologie vgl. man S. Karsz, a. a. O., S. 39-74
   sowie meine Darstellung in: Theorien der Ideologie
253 L. Althusser, Für Marx, S. 181
254 DKL II, S. 339 u. 341
255 vgl. L. Althusser, Lenin und die Philosophie, Reinbek b. Hamburg 1974, S. 62 ff. sowie H.
   Arenz u. a., Was ist ein revolutionärer Marxismus?, Westberlin 1973, S. 50 ff., 85 ff.
256 L. Althusser, Lenin und die Philosophie, S. 65
257 ebd., S. 66
258 H. Arenz u. a., a. a. O., S. 90
259 ebd., S. 91 f.
260 ebd., S. 90
261 Dies trifft für A. Schmidt auch noch bei seinem Werk „Geschichte und Struktur", S. 14,
   76, 119 zu; wohlwollender, aber immer noch imprägniert von der im Frankfurter Theo-
   riekontext dominanten Abwehrhaltung, urteilt R. Bubner in seinem Exkurs über
   Althusser, in: Dialektik und Wissenschaft, Frankfurt a. M., 1973, S. 52 ff.
262 U. Jaeggi, Theoretische Praxis, S. 124
263 vgl. K. Marx, Der achtzehnte Brumaire des Louis Bonaparte, Vorwort zur 2. Ausgabe, in:
   MEW Bd. 8, S. 560
264 H. Arenz u. a., a. a. O., S. 94
265 L. Althusser, Marxismus und Ideologie, Westberlin 1973, S. 78
266 J. P. Sartre antwortet, in: alternative Nr. 54 (1967), S. 131
267 ebd., S. 133
268 ebd., S. 131 f.
269 Man vgl. z. B. die Kritik aus der Richtung der Frankfurter Schule bei A. Schmidt, R. Bubner und J. P. Arnason einerseits, die Kritik von seiten des klassischen Marxismus-Leni-
   nismus bei den Autoren des Argument Heftes Nr. 94 sowie des von H. J. Sandkühler bei
   Pahl-Rugenstein 1974 herausgegebenen Sammelbandes „Betr. Althusser" andererseits.
270 Stellvertretend seien genannt: L. Kolakowski für den östlichen Neomarxismus und E. P.
   Thompson für eine linke angelsächsische Tradition. Zu Kolakowski ist eine besondere
   Bemerkung angebracht, da neben seiner wissenschaftlichen Reputation auch sein mora-
   lisches Ansehen im Westen wegen seiner Konflikte mit dem real existierenden Sozialismus besonders groß ist. Die von unverhohlener Aversion durchzogene Kritik Kola-

kowskis an Althusser, vgl. L. Kolakowski, Althussers Marx, in: ders., Marxismus-Utopie und Anti-Utopie, Stuttgart / Berlin / Köln / Mainz 1974, S. 52-79, muß sich den Vorwurf gefallen lassen, daß er die kognitive Überlegenheit des Leidens zwar gerne für seinen eigenen Denkweg reklamiert, anderen Marxisten aber leichtfertig bzw. voreilig eine theoretische Aufpolierung des Stalinismus unterstellt. Kolakowski konnte damals, als er seinen Beitrag schrieb, nicht wissen, daß man gerade an Althusser schon vor der manifesten Katastrophe (Althusser brachte nach jahrelanger sogen. Gemütskrankheit bei einem Anfall manisch-depressiven Irreseins 1980 seine Frau um) den nicht-theoretizistischen Maßstab hätte anlegen müssen: Nicht allein darauf kommt es an, was einer gedacht hat, sondern ob er auch an den Folgen bzw. der Folgenlosigkeit seiner Theorie gelitten hat. Althussers Denken hat ihn über die Grenzen der Selbstidentität hinaus in die Verzweiflung getrieben; wahrscheinlich die einzige Form, mit gutem Gewissen in das Gericht Gottes zu gehen.

271 Zum „Deutschen Idealismus" als philosophischem und ideologischem Phänomen vgl. man stellvertretend für die ihn archivierenden und repräsentierenden Bibliotheken die klassische Selbstdarstellung von F. W. J. Schelling, System des transzendentalen Idealismus, PhB Bd. 254, Hamburg ²1962.

Althusser L., Barthes R. u. a., Strukturalismusdiskussion, alternative 10. Jg. (1967) H. 54

Althusser L., Für Marx, Frankfurt a. M. 1968

ders. u. Balibar E., Das Kapital lesen, Bd. I + II, Reinbek b. Hamburg 1972 (frz. 1965, Maspero)

Althusser L., Marxismus und Ideologie, Westberlin 1973

ders., Philosophie et philosophie spontanée des savants (1967), Paris 1974

ders., Lenin und die Philosophie, Reinbek b. Hamburg 1974

ders., Ideologie. Literatur. Wissenschaft, alternative 17. Jg. (1974) H. 97

ders., Elemente der Selbstkritik, Westberlin 1975

ders., Ideologie und ideologische Staatsapparate, Hamburg / Westberlin 1977

ders., Die Krise des Marxismus, Hamburg 1978

ders., Frühe Schriften zu Kunst und Literatur, in: alternative 24. Jg. (1981) H. 137, 73 ff., 91 ff.

Arenz H., Bischoff J., Jaeggi U. (Hrsg.), Was ist revolutionärer Marxismus? (Kontroversen über Grundfragen marxistischer Theorie zwischen Louis Althusser und John Lewis), Westberlin 1973

Arnason J. P., Zwischen Natur und Gesellschaft. Studien zu einer kritischen Theorie des Subjektes, Frankfurt a. M. / Köln 1976

Bachelard G., Epistémologie. Ausgewählte Texte, Frankfurt a. M. / Berlin / Wien 1974

Balibar R. u. a., Linguistische Praktiken und Literatur. Ein Gespräch, in: alternative 18. Jg. (1975) H. 104, S. 178-203

Barthes R., Am Nullpunkt der Literatur, Hamburg 1959 (Neuauflage: Frankfurt a. M. 1982, Bibl. Suhrkamp Bd. 762)

ders., Sur Racine, Paris 1963 (Kapitel III, dt. in: Literatur oder Geschichte, Frankfurt a. M. 1969)

ders., Mythen des Alltags, Frankfurt a. M. 1964

ders., Die strukturalistische Tätigkeit, in: Kursbuch 5 (1966), S. 190-196

ders., Système de la Mode, Paris 1967

ders., Kritik und Wahrheit, Frankfurt a. M. 1967

ders., Literatur oder Geschichte, Frankfurt a. M. 1969 (= Essais critiques, Paris 1964)

ders., Nouveaux essais critiques, Paris 1972

ders., Die strukturale Erzählanalyse am Beispiel von Apg 10-11, in: Dufour X. L. (Hrsg.), Exegese im Methodenkonflikt, München 1973, S. 117-141

ders., Sade. Fourier. Loyola, Frankfurt a. M. 1974

ders., Die Lust am Text, Frankfurt a. M. 1974 (Bibl. Suhrkamp Bd. 378)

ders., S/Z, Frankfurt a. M. 1976

ders., Fragments d' un discours amoureux, Paris 1977 (Collection „Tel Quel")

ders., Über mich selbst, München 1978 (dort auch Bibliographie, 1942-1974)

ders., Elemente der Semiologie, Frankfurt a. M. 1979

ders., Leçon/Lektion, Frankfurt a. M. 1980

ders., Das Reich der Zeichen, Frankfurt a. M. 1981

ders., L' obvie et l' obtus. Essais critiques III, Paris 1982

Baumgärtner K. u. a., Funk-Kolleg Sprache, Bd. I: Eine Einführung in die moderne Linguistik, Frankfurt a. M. 1973 ·

Bentele G., Bystrina J., Semiotik. Grundlagen und Probleme, Stuttgart / Berlin / Köln / Mainz 1978

Benveniste E., Probleme der allgemeinen Sprachwissenschaft, Frankfurt a. M. 1977 (Orig., Paris 1972)

Bierwisch M., Strukturalismus. Geschichte. Probleme und Methoden, in: Kursbuch 5 (1966), S. 77- 152

Bloomfield L., Language, New York 1933

Blumensath H. (Hrsg.), Strukturalismus in der Literaturwissenschaft, Köln 1972

Bochénski J. M., Formale Logik, Freiburg / München 1956

Bourdieu P., Zur Soziologie der symbolischen Formen, Frankfurt a. M. 1970 (darin bes.: Strukturalismus und soziologische Wissenschaftstheorie, S. 7-41)

ders., Entwurf einer Theorie der Praxis, Frankfurt a. M. 1976

Bourdon R., Strukturalismus – Methode und Kritik, Düsseldorf 1973

Broekman J. M., Strukturalismus, Freiburg / München 1971

ders., Die Einheit von Theorie und Praxis als Problem von Marxismus, Phänomenologie und Strukturalismus, in: Waldenfels B., Broekmann J. M., Pazanin A. (Hrsg.), Phänomenologie und Marxismus, Bd. I: Konzepte und Methoden, Frankfurt a. M. 1977, S. 159-177

Brøndal V., Essais de linguistique générale, Kopenhagen 1943

Bühl W. L. (Hrsg.), Funktion und Struktur. Soziologie vor der Geschichte, München 1975 (Einl. v. Bühl u. 11 Beiträge von u. a. Lévi-Strauss, Goldmann, Foucault, Lefèbvre)

ders., Einleitung: Funktionalismus und Strukturalismus, in: ders. (Hrsg.), Funktion und Struktur. Soziologie vor der Geschichte, München 1975, S. 9-97

Canguilhem G., Wissenschaftsgeschichte und Epistemologie. Ges. Aufsätze, hrsg. v. W. Lepenies, Frankfurt a. M. 1979

Chabrol C. (Hrsg.), Sémiotique narrative et textuelle, Paris 1973

Chomsky N., Aspekte der Syntax-Theorie, Frankfurt a. M. 1970

Courtès J., Introduction à la sémiotique narrative et discoursive, Paris 1976

Daniel C., Theorien der Subjektivität. Einführung in die Soziologie des Individuums, Frankfurt a. M. 1981 (darin: Kap. 8: Subjekttheorie als Ideologie? Über subjektlose Strukturen [M. Foucault / L. Althusser])

Delorme J. (Hrsg.), Zeichen und Gleichnisse. Evangelientext und semiotische Forschung, Düsseldorf 1979

Derrida J., Die Struktur, das Zeichen und das Spiel im Diskurs der Wissenschaften vom Menschen, in: Lepenies W., Ritter H. H. (Hrsg.), Orte des wilden Denkens. Zur Anthropologie von Claude Lévi-Strauss, Frankfurt a. M. 1970, S. 387-412

ders., Die Schrift und die Differenz, Frankfurt a. M. 1972

ders., Grammatologie, Frankfurt a. M. 1974

ders., Rundgänge der Philosophie, Frankfurt a. M. / Berlin / Wien 1976

ders., Die Stimme und das Phänomen, Frankfurt a. M. 1979

Descombes V., Das Selbe und das Andere. Fünfundvierzig Jahre Philosophie in Frankreich 1933- 1978, Frankfurt a. M. 1981

Djankow B., Die heuristische Rolle des strukturellen Herangehens in der wissenschaftlichen Erkenntnis, in: Gindev P. (Hrsg.), Wissenschaft – Philosophie – Ideologie, Berlin / DDR 1973, S. 183-199

Dufour X. L. (Hrsg.), Exegese im Methodenkonflikt, München 1973

Eco U., Einführung in die Semiotik, München 1972 (UTB 105)

ders., Zeichen. Einführung in einen Begriff und seine Geschichte, Frankfurt a. M. 1977

Esbroeck M. van, Hermeneutik, Strukturalismus und Exegese, München 1968

Falk W., Vom Strukturalismus zum Potentialismus, Freiburg / München 1976

Fichant M., Pêcheux M., Überlegungen zur Wissenschaftsgeschichte, Frankfurt a. M. 1977
Foucault M., Die Ordnung der Dinge, Frankfurt a. M. 1971 (frz. 1966)
Frank M., Das Sagbare und das Unsagbare. Studien zur neuesten französischen Hermeneutik
   und Texttheorie, Frankfurt a. M. 1980
Fuchs O., Sprechen in Gegensätzen, München 1978
Füssel K., Sprache – Religion – Ideologie, Frankfurt a. M. / Bern 1982
Gallas H., Marxistische Literaturtheorie, Neuwied / Berlin 1971
dies. (Hrsg.), Strukturalismus als interpretatives Verfahren, Darmstadt/Neuwied 1972
Goldmann L., Structure: Human Reality and Methodological Concept, in: Macksey R.,
   Donato E. (Hrsg.), The Structuralist Controversy, Baltimore/London 1970, S. 98-110 (dt.
   in: Bühl W. L. (Hrsg.), Funktion und Struktur. Soziologie vor der Geschichte, München
   1975, S. 270-285)
ders., Der genetische Strukturalismus in der Literatursoziologie, in: Žmegač V., Marxistische
   Literaturkritik, Frankfurt a. M. 1972, S. 59-75
Goux J.-J., Freud, Marx, Ökonomie und Symbolik, Frankfurt a. M. / Berlin / Wien 1975
Grant Johnson F., Referenz und Intersubjektivität, Frankfurt a. M. 1976
Greimas A. J., Du Sens, Paris 1972
ders. (Hrsg.), Essais de sémiotique poétique, Paris 1972
ders., Elemente einer narrativen Grammatik, in: Blumensath H. (Hrsg.), Strukturalismus in
   der Literaturwissenschaft, Köln 1972, S. 47-67
ders., Zur Interpretationstheorie der mythischen Erzählung, in: Gallas H. (Hrsg.), Strukturalismus als interpretatives Verfahren, Darmstadt / Neuwied 1972, S. 105-162
ders., Sémiotique et sciences sociales, Paris (Seuil) 1976
ders. u. Courtès J., Sémiotique. Dictionnaire raisonné de la théorie du langage, Paris 1979
Groupe d' Entrevernes, Signes et paraboles. Sémiotique et texte évangelique, Paris (Seuil)
   1977
Günther H. (Hrsg.), Marxismus und Formalismus. Dokumente einer literaturtheoretischen
   Kontroverse, Frankfurt a. M. / Berlin / Wien 1976
Güttgemanns E., Offene Fragen zur Formgeschichte des Evangeliums, München 1970
ders., Ferdinand de Saussure: Der redende Mensch als unbewußter Schachspieler, in: Lingui-
   stica Biblica 47 (1980), S. 93-130
ders., Elementare semiotische Texttheorie, in: Linguistica Biblica 49 (1981), S. 85-111
Habermas J., Zur Rekonstruktion des Historischen Materialismus, Frankfurt a. M. 1976
ders., Theorie des kommunikativen Handelns, 2 Bde., Frankfurt a. M. 1981
Harris Z. S., Methods in Structural Linguistics, Chicago 1951
Helbig G., Geschichte der neueren Sprachwissenschaft, Reinbek b. Hamburg 1974 (Orig.
   Leipzig 1970)
Hindess B., Hirst P.Q., Vorkapitalistische Produktionsweisen, Frankfurt a. M. / Berlin / Wien
   1981
Hinst P., Logische Propädeutik, München 1974
Hjelmslev L., Aufsätze zur Sprachwissenschaft, Stuttgart 1974
ders., Prolegomena zu einer Sprachtheorie, München 1974
Holenstein E., Roman Jakobsons phänomenologischer Strukturalismus, Frankfurt a.M. 1975
ders., Linguistik, Semiotik, Hermeneutik, Frankfurt a.M. 1976
Holzkamp K., Die historische Methode des wissenschaftlichen Sozialismus und ihre Verken-
   nung durch J. Bischoff, in: Das Argument 84 (1974), S. 1-75
Hund W.D. (Hrsg.), Strukturalismus, Ideologie und Dogmengeschichte, Darmstadt/Neu-

wied 1973

Iljenkow E.W., Die Dialektik des Abstrakten und Konkreten im „Kapital" von Marx, in: Schmidt A. (Hrsg.), Beiträge zur marxistischen Erkenntnistheorie, Frankfurt a.M. 1969, S. 87-127

Jaeggi U., Ordnung und Chaos. Strukturalismus als Methode und Mode, Frankfurt a.M. 1968

ders., Theorie der Geschichte: Geschichte der Theorie?, in: Das Argument 94 (1975), S. 952-975

ders., Theoretische Praxis. Probleme eines strukturalen Marxismus, Frankfurt a.M. 1976

ders., Honneth A. (Hrsg.), Theorien des Historischen Materialismus, Frankfurt a.M. 1977

Jakobson R., Halle M., Fundamentals of language, Den Haag 1956

Jakobson R., Linguistics and Poetics, in: Seboek T.A. (ed.), Style in Language, 1960, S. 350-377

Karsz S., Theorie und Politik: Louis Althusser, Frankfurt a.M. / Berlin / Wien 1976

Kolakowski L., Althussers Marx, in: ders., Marxismus – Utopie und Anti-Utopie, Stuttgart 1974, S. 52-80

Kristeva J., Semiologie – kritische Wissenschaft und/oder Wissenschaftskritik, in: Zima P.V. (Hrsg.), Textsemiotik als Ideologiekritik, Frankfurt a.M. 1977, S. 35-53

dies., Semiologie als Ideologiewissenschaft, in: Zima P.V. (Hrsg.), Textsemiotik als Ideologiekritik, Frankfurt a.M. 1977, S. 65-76

dies., Der geschlossene Text, in: Zima P.V. (Hrsg.), Textsemiotik als Ideologiekritik, Frankfurt a.M. 1977, S. 194-229

dies., Die Revolution der poetischen Sprache, Frankfurt a.M. 1978

Kursbuch, hrsg. v. Enzensberger H.M., Nr. 5, Mai 1966, S. 58-196

Lang H., Die Sprache und das Unbewußte. Jacques Lacans Grundlegung der Psychoanalyse, Frankfurt a.M. 1973

Lange E.M., Wertformanalyse, Geldkritik und die Konstruktion des Fetischismus bei Marx, in: Neue Hefte für Philosophie Heft 13: Marx' Methodologie, Göttingen 1978, S. 1-44

Lecourt D., Lenins philosophische Strategie, Frankfurt a.M. / Berlin / Wien 1975

ders., Kritik der Wissenschaftstheorie. Marxismus und Epistemologie, Westberlin 1975

Lefèbvre H., Au-delà du structuralisme, Paris 1971

ders., Das Alltagsleben in der modernen Welt, Frankfurt a.M. 1972

ders., Kritik des Alltagslebens, 3 Bde., München ²1976

Lepenies W., Ritter H.H. (Hrsg.), Orte des wilden Denkens. Zur Anthropologie von Claude Lévi-Strauss, Frankfurt a.M. 1970

Lepenies W., Lévi-Strauss und die strukturalistische Marxlektüre, in: Lepenies W., Ritter H.H. (Hrsg.), Orte des wilden Denkens. Zur Anthropologie von Claude Lévi-Strauss, Frankfurt a.M. 1970, S. 160-224

Lévi-Strauss C., Les structures élémentaires de la parenté, Paris (PUF) 1949 (dt. Die elementaren Strukturen der Verwandtschaft, Frankfurt a.M. 1981)

ders., Race et histoire, Paris (Gouthier) 1952 (dt. Rasse und Geschichte, Frankfurt a.M. 1982)

ders., Das Ende des Totemismus, Frankfurt a.M. 1965

ders., Traurige Tropen, Köln / Berlin 1960 (²1970) (Paris, ed. Plan, 1955), Neuausgabe: STW 240, Frankfurt a.M. ³1981

ders., Strukturale Anthropologie, Frankfurt a.M. 1967

ders., Strukturale Anthropologie II, Frankfurt a.M. 1975

ders., Das wilde Denken, Frankfurt a.M. 1973

ders., Mythologica I-IV, Frankfurt a.M. 1976

ders., Mythos und Bedeutung (Fünf Radiovorträge und Gespräche mit Cl. Lévi-Strauss, hrsg. v. A. Reif), Frankfurt a.M. 1980

ders., Die elementaren Strukturen der Verwandtschaft, Frankfurt a.M. 1981

Lotmann J.M., Die Struktur literarischer Texte, München 1972 (UTB 103)

Ludwig H.L., Sinemus V. (Hrsg.), Grundzüge der Literatur- und Sprachwissenschaft, Bd.2, München 1974

Lyons J., Einführung in die moderne Linguistik, München 1972

Marin L., Semiotik der Passionsgeschichte, München 1976

Marx K., Grundrisse der Kritik der Politischen Ökonomie, Berlin / DDR ²1974

ders., Das Kapital Bd. 1, MEW Bd. 23, Berlin / DDR ³1975

Marx K., Engels F., Die deutsche Ideologie, in: MEW Bd. 3, S. 9-530

Melenk H., Die formalen Systeme des französischen Strukturalismus, in: Philosophisches Jahrbuch 79. Jg. (1972) 1. Hb., S. 137-161

Moreau P.M., Marx und Spinoza, Hamburg 1978

Mukařovský J., Studien zur strukturalistischen Ästhetik und Poetik, Frankfurt a.M. / Berlin / Wien 1977

Pêcheux M., Fuchs C., Das Subjekt und der Sinn. Zur Neuformulierung des Erkenntnisgegenstandes Sprache, in: alternative 18. Jg. (1975) H. 104, S. 204-216

Pêcheux M., Zum theoretischen Status der Semiologie, in: alternative 21. Jg. (1978) H. 118, S. 24-27

Pelz H., Linguistik für Anfänger, Hamburg 1975

Piaget J., Der Strukturalismus, Olten 1973

Projekt Klassenanalyse, Louis Althusser. Marxistische Kritik am Strukturalismus?, Westberlin 1975

Rheinberger H.J., Die erkenntnistheoretischen Auffassungen Althussers, in: Das Argument 94 (1975), S. 922-951

Ricoeur P., Hermeneutik und Strukturalismus. Der Konflikt der Interpretationen I, München 1973

Robin R., Histoire et linguistique, Paris 1973

Rossi-Landi F., Sprache als Arbeit und als Markt. (Nachwort von Karl Steinbacher), München 1972

ders., Semiotik, Ästhetik und Ideologie. 13 Beiträge, München / Wien 1976

Ruben P., Dialektik und Arbeit der Philosophie, Köln 1978

Sahlins M., Kultur und praktische Vernunft, Frankfurt a.M. 1981

Sandkühler H.J., Praxis und Geschichtsbewußtsein, Frankfurt a.M. 1973

ders. (Hrsg.), Betr.: Althusser. Kontroversen über den „Klassenkampf in der Theorie", Köln 1977

Sapir E., Die Sprache. Eine Einführung in das Wesen der Sprache, München ²1972 (Orig. New York 1921)

Sartre J.P., Jean Paul Sartre antwortet, in: alternative 10. Jg. (1967) H. 54, S. 129-133

Saussure F. de, Grundfragen der allgemeinen Sprachwissenschaft, Berlin 1931, ²1967

Sebag L., Marxismus und Strukturalismus, Frankfurt a.M. 1967

Serres M., Hermès I. La communication, Paris 1968

ders., Hermès II. L'interférence, Paris 1972

ders., Hermès III. La traduction, Paris 1974

ders., Hermès IV. La distribution, Paris 1977

Schaff A., Strukturalismus und Marxismus, Frankfurt a.M. 1975

Schelling F. W. J., System des transzendentalen Idealismus, PhB Bd. 254, Hamburg 1957, ²1962

Schiwy G., Der französische Strukturalismus. Mode – Methode – Ideologie, Reinbek b. Hamburg 1969

ders., Strukturalismus und Christentum. Eine gegenseitige Herausforderung, Freiburg/ Basel/Wien 1969

ders., Zur Ideologie der Unfehlbarkeitsdiskussion, Düsseldorf 1977

Schmidt A., Der strukturalistische Angriff auf die Geschichte, in: ders. (Hrsg.), Beiträge zur marxistischen Erkenntnistheorie, Frankfurt a. M. 1969, S. 194-265

ders., Geschichte und Struktur, München 1971

Schweicher R., Philosophie und Wissenschaft bei Louis Althusser, Köln 1980

Stalin J., Marxismus und Fragen der Sprachwissenschaft, hrsg. v. H. P. Gente, München 1968

Stentzler F., Versuch über den Tausch. Zur Kritik des Strukturalismus, Berlin 1979

Stock A., Umgang mit theologischen Texten, Zürich / Einsiedeln / Köln 1974

Striedter J. (Hrsg.), Russischer Formalismus (Texte zur allgemeinen Literaturtheorie und zur Theorie der Prosa), München 1971 (UTB 40)

Tel Quel, Théorie d'ensemble (R. Barthes, J. Derrida, M. Foucault usw.), Paris 1968

Theißen G., Urchristliche Wundergeschichten, Gütersloh 1974

Thompson E. P., Das Elend der Theorie. Zur Produktion geschichtlicher Erfahrung, Frankfurt a. M. / New York 1980

Titzmann M., Strukturale Textanalyse, München 1977 (UTB 582)

Todorov T. (Hrsg.), Théorie de la littérature; Textes des formalistes russes, Paris 1965

Trotzki L., Literatur und Revolution, Berlin 1968 (russ. Orig. 1924)

Vološinov V. N., Marxismus und Sprachphilosophie, hrsg. v. Samuel M. Weber, Frankfurt a. M. / Berlin / Wien 1975

Wahl F., Einführung in den Strukturalismus, Frankfurt a. M. 1973

Zima P. V. (Hrsg.), Textsemiotik als Ideologiekritik, Frankfurt a. M. 1977

Zmegač V. (Hrsg.), Marxistische Literaturkritik, Frankfurt a. M. 1972 (darin: Goldmann L., Der genetische Strukturalismus in der Literatursoziologie, S. 59-75)

Zelený J., Die Wissenschaftslogik bei Marx und „Das Kapital", Frankfurt a. M. 1973